Für meine Großfamilie

Adelheid Müller-Lissner

Seiner Zeit

Auf den Spuren des Mannes,
der mein Großvater wurde

Bibliografische Information der Deutschen Nationalbibliothek
Die Deutsche Nationalbibliothek verzeichnet diese Publikation in der
Deutschen Nationalbibliografie; detaillierte bibliografische Angaben
sind im Internet unter http://dnb.dnb.de abrufbar.

1. Auflage
Satz und Umschlaggestaltung:
Marina Siegemund unter Verwendung eines Fotos des
Deutschen Reichstags 1932, eines Fotos des Schocken-Kaufhauses
Zwickau (Wikimedia Commons) und eines Wahlplakats
des Deutschen Zentrums (Wikimedia Commons und
Konrad Adenauer-Stiftung).

© 2021 Adelheid Müller-Lissner
Herstellung und Verlag:
BoD – Books on Demand, Norderstedt

ISBN 978-3-75574-287-6
Printed in Germany

Inhalt

*»Menschen sind in Geschichte gefangen,
und Geschichte in ihnen.«*
James Baldwin

Zuvor

Dr. Wilhelm Fonk, für mich der Opapa, war ein freundlicher Großvater, dessen Lächeln verschmitzt sein konnte. Mir will aber heute scheinen, dass er nicht »nahbar« war. Er blieb, für mich, immer ein wenig auf Distanz. Meine Großmutter Hedwig – die Omama – war es, die sich mit uns Kindern beschäftigte. Sie schien es zu sein, die den Tagesablauf festlegte, uns Beschäftigungen vorschlug, mit uns auch pädagogische Pläne verfolgte. (»Ein Spiel, das man angefangen hat, muss man auch zu Ende spielen.«) Die Rollen waren bei dem Paar klar verteilt. Schon deshalb war es schwer, dem männlichen Teil dieses Großeltern-Paares nahe zu kommen. Es schien gar nicht so recht vorgesehen zu sein, dass das passierte. Zumindest nicht für schüchterne Kinder. Auch weil man laut sprechen musste, da Opapa als älterer Herr etwas schwerhörig war. Wir wurden angehalten, uns deutlich zu äußern, wenn wir ihm etwas erzählen wollten. Opapa war außerdem oft gar nicht anwesend. Es war klar, dass er das auch nicht zu sein brauchte: Es gab ja Frauen, die auf uns aufpassten. Und er hatte wichtige Dinge zu tun. Wenn er zu seinen Pflichten aufbrach, war er gut angezogen, immer im Anzug und mit Krawatte. Und er hatte eine ernste Miene.

Dabei galt uns seine Fürsorge: Wir durften ja in seinem

Haus sein, verbrachten dort immer wieder mehrere Wochen am Stück. Er unterstützte unsere Eltern finanziell. Als wir älter waren, saßen wir mit am Tisch, das Ferienhaus war zum großen Teil für uns Enkel gedacht. Die älteren Enkelinnen versuchte er durchaus ins Gespräch zu ziehen: Er fragte natürlich, wie es in der Schule gehe. Das machte uns allerdings nicht selten verlegen.

Mit meinem Bedauern darüber, dass ich versäumt habe, umgekehrt auch ihn etwas zu fragen, stehe ich nicht allein: Viele aus meiner Generation teilen dieses Bedauern. Die meisten von uns haben bei ihren Eltern, Großeltern, Tanten und Onkels eindeutig zu wenige persönliche Geschichten und Sichten erfragt. Allerdings können wir in unzähligen zeitgeschichtlichen Büchern und Lebensberichten von *Zeitgenossen* unserer Eltern und Großeltern etwas über deren Lebenszeit erfahren, von den erhellenden Lebensbildern in Romanen aus der Zeit ganz zu schweigen.

Mein Großvater ist zudem ein Mensch, eine Person, eine Persönlichkeit gewesen, die zumindest am Rande selbst in einigen dieser zeithistorischen Dokumente Erwähnung findet. Er hat *auch* öffentlich gewirkt. Und es hat mich gereizt, dem nachzuspüren.

Als *familiäres* Fundament dienten mir zudem Aufzeich-

nungen meiner Großmutter. Meine Patentante Hedi hat
sich das unschätzbare Verdienst erworben, die handschrift-
lichen, zumeist in Sütterlinschrift verfassten Eintragungen
für ihre Familie zu digitalisieren. Das ist ein Schatz – sie ist
ein Schatz.

»Ist ein Krieg, in dem zwei Menschen einander
mit gleicher Leidenschaft töten können,
nicht widernatürlich und unsinnig?«
ROMAIN ROLLAND,
FRANZÖSISCHER SCHRIFTSTELLER

Junger Mann

Zusammen ist man schwerer als allein

Fast ist es unter seiner Würde. Pennäler ist er, aber fast schon Abiturient! Da könnte man seriöser auftreten. Aber die Sonne scheint, die Schulfreunde warten, der Schnee lockt ihn. Schlittenfahren ist ein kindliches Vergnügen. Dem er nun nicht länger widerstehen möchte. Wilhelm ist ein ernsthafter junger Mann: Die graublauen Augen hinter der randlosen Brille schauen klar in eine Zukunft, die von seiner Gestaltung abhängt. Sie wird kommen. In die Zuversicht, mit der er die kalte, klare Winterluft einatmet, mischt sich plötzlich eine ebenso klare Freude: Jetzt erst einmal die Talfahrt genießen. Rodeln auf den Hügeln rund um die kleine Stadt Barmen, das ist natürlich unspektakulär, aber Spaß macht es doch. Da drüben steht Hedwig, Tochter von Lehrersleuten auch sie. Mit ihrer kleinen Schwester. Die liebliche Hedwig mit dem sanften Gesicht und den großen graublauen Augen. Ein ungewohnter Übermut erfasst Wilhelm. Er, der sonst so Bedächtige, spricht, bevor er denken kann. »Komm setz Dich her. Mein Schlitten kann Ballast gebrauchen.« Das zierliche Mädchen mag den Scherz, nimmt ihn allenfalls im besten Sinne persönlich.

So geht die Familienlegende darüber, wie die Geschichte mit Hedwig und Wilhelm begann, die später meine Großeltern mütterlicherseits werden sollten. Ob so oder anders: Es muss irgendwann eine neue Art der Bekanntschaft begonnen haben, eine zwischen jungem Mann und junger Frau. Denn »kennen«, das taten sie sich schon seit frühen Kindertagen. Ihre Väter waren schließlich nicht nur Kollegen, Rektor und Konrektor an derselben Volksschule, sondern auch befreundet.

Es gibt dieses offizielle Foto von der offiziellen Verlobung, das früheste Bild der beiden, das ich finden kann. Beide sehen noch so jung aus. Dabei war schon viel passiert, als die Aufnahme entstand.

Wilhelm ist am 25. Januar 1896 geboren. Als er 20 wurde, stand er, mitten im Weltkrieg, als Leutnant im Feld. Als er 30 wurde, hatte er längst seinen Doktor gemacht, seine Hedwig geheiratet und mit ihr zwei Töchter bekommen – eine davon wurde später meine Mutter. Als er 40 wurde, hatte er seine kurze politische Karriere bereits hinter sich: Die Deutsche Zentrumspartei, für die er als Abgeordneter im Reichstag gesessen hatte, war aufgelöst, nach einer kurzen Zeit der Arbeitslosigkeit war er nun in einer Führungsposition für einen Kaufhauskonzern tätig. Als er 50 wurde,

war er in russischer Kriegsgefangenschaft. Als er 60 wurde, war mein Großvater Herr Generaldirektor, hatte einen Chauffeur und leitete die Kaufhauskette. Der 70. war sein letzter runder Geburtstag. Er pendelte nun zwischen Nürnberg und seinem Ferienhaus im Tessin.

Was er damals, auf dem Rodelhügel in Barmen, das wenig später mit Elberfeld zu einer neuen Stadt namens Wuppertal vereint wurde, wohl als sein Leben vor sich gesehen hat? Ein Leben mit Hedwig, ein Leben mit einer wachsenden Familie, ein Leben in einem anspruchsvollen Beruf und in wirtschaftlicher Prosperität – das alles hat er bekommen. Doch das meiste von dem, was kommen sollte, konnte er nicht planen. Er musste mit Umständen zurecht kommen, die nicht er geschaffen hatte.

Stimmt, so geht es uns allen. Doch in der Lebensspanne von Wilhelm, meinem Großvater mütterlicherseits, veränderte sich besonders viel, geschah besonders viel auf der großen »Bühne« der Welt. Und er hatte an einigen Schauplätzen dieser Veränderungen eine eigene Rolle, eine eigene Verantwortung, wie sie nicht jedem (und zu dieser Zeit schon gar nicht jeder) zuteil wird. Was konnte er, zusammen mit anderen, ein ganz klein wenig zum Besseren wenden? Was hätte er noch stärker zum Besseren wenden können? Müssen? Hinterher ist man schlauer. Dann steht es in den Geschichtsbüchern. Währenddessen muss man handeln. Wie hat Wilhelm sich dabei gefühlt?

Krieg

Wilhelm und seine Generationsgenossen waren wohl früher erwachsen geworden als unsereins. Alle waren geprägt durch ein Ereignis, aber nur die jungen Männer hatten es an vorderster Front erlebt. Bevor er studieren konnte, zog der 18-Jährige, der gerade erst sein Abitur gemacht hatte, zum Militärdienst und in den Krieg. Als Freiwilliger trat er in das Füsilier-Regiment Nummer 39 ein, so lese ich. Er wurde Gefreiter und Unteroffizier, machte einen Offiziers-»Kursus« mit und »rückte«, wie man damals sagte, im Mai 1915 »ins Feld«. Von Krakau aus machte er den Vormarsch nach Russland mit. Schon am 25. Juli 1915 erhielt der 19-Jährige »für einige gut gelungene Patrouillen« das Eiserne Kreuz 2. Klasse, wenig später wurde er Leutnant der Reserve.

Mir sind die militärischen Dienstgrade ziemlich fremd. Ich erkenne aber, dass Wilhelm schnell ausgezeichnet wurde. Ich habe keinen Vergleich, nehme aber an, dass er sich hervorgetan hat. Was war an den Patrouillen »gut gelungen«? Erfüllte Wilhelm hier seine Pflichten gut, weil er seine Pflichten immer gut erfüllte? Wie patriotisch war seine Einstellung? War er zu Beginn begeistert von der Aussicht auf diesen Krieg, wie so viele Deutsche?

»Krieg! Es war Reinigung, Befreiung, was wir empfanden, und eine ungeheurere Hoffnung«, schrieb ja zum Beispiel der junge Thomas Mann. Wilhelm hatte ein anderes Temperament als der Schriftsteller, und ich denke, dass er eine andere Sprache bevorzugte. Aber ich hörte, dass er stolz darauf war, so jung schon als Mann an diesem Krieg mitwirken zu dürfen — anders als sein jüngerer Bruder, der damit noch warten musste.

Und meine Patentante Hedi hütet eine schwarz gebundene Kladde. »Krieg« steht als Titel auf dem vergilbten Aufkleber, darunter: »WilhFonk 1915«

Innen trägt es den Titel »In schwerer Zeit«. Links daneben die Widmung: »Meinen lieben Eltern gewidmet. Düsseldorf, am Tag des Geburtstages seiner Majestät.« Der Geburtstag von Wilhelm II. ist der 27. Januar, in diesem Fall sein 56ster. »Wider Erwarten sollte mein sehnlichster Wunsch – bald von der Schule erlöst zu werden – in Erfüllung gehen – wenn auch auf eine überraschende, unerwartete Art und Weise.« So beginnt das Buch. Zum Glück für mich in gut leserlicher lateinischer Schreibschrift.

Die Kladde führt mich noch weiter zurück, in den Sommer 1914. Denn es liegt darin ein Din A 5-Schreibheft ohne Umschlag, mit einem Text des Abiturienten Wilhelm Fonk. Das Heftchen trägt den anspruchsvollen Titel »Wahrheit«. Darin beschreibt Wilhelm, wie es im Sommer 1914 zum Ersten Weltkrieg kam. Zeitungsverkäufer erwarten an einem sonnigen Sommersonntagnachmittag Ende Juni 1914 die Ausflügler, die in die Stadt zurückkehren, mit unerhörten Schlagzeilen: Der österreichische Thronfolger und seine Gemahlin wurden ermordet. »Der gute Erzherzog«, schreibt Wilhelm. Merkwürdig, dass er ihn so positiv be-

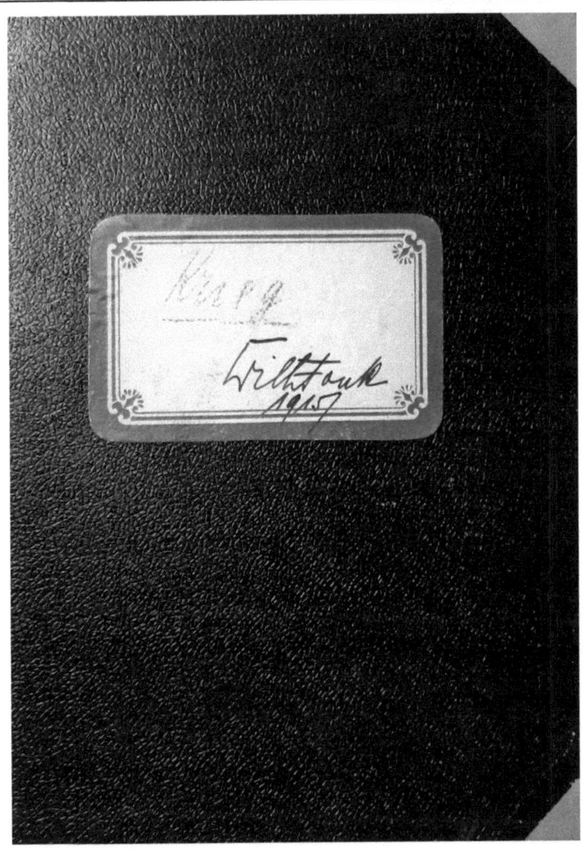

schreibt. Ich weiß, dass der österreichische Schriftsteller Stefan Zweig schon am Todestag notierte, die Erschütterung im Volk sei nicht groß, wegen Franz Ferdinands »ungeheurer Unbeliebtheit«. Was wusste Wilhelm von Franz Ferdinand und seiner Gattin Sophie Chotek? Was vom

Unmut serbischer Nationalisten gegen die »K-und-K«-Monarchie?

»Mit unverkennbarer Deutlichkeit zeigten die Spuren nach Serbien hin«, notiert der Schüler. »Großserbische Agitation hatte den Mord veranlasst: das stand außer Zweifel.« Die Großmacht Österreich-Ungarn könne sich das nicht bieten lassen. Ein »schroffes Ultimatum« sei unumgänglich. Wilhelm berichtet über die Schlagzeilen der Zeitungen, die es als »Hauptsache« betrachteten, dass der Krieg lokalisiert bleibe. Für den politisch interessierten Schüler ein frommer Wunsch, zumal auch Russland mobilisiere. Wilhelm macht Beobachtungen in seiner Stadt. »--- Hat man das jemals gesehen? Ist das jemals – wenn auch die Krisis sehr groß war – dagewesen, dass ein, nein drei Soldaten die Brücken bewachen? --- Ich sah es noch nie. Warum wird es gemacht? – Man hält es für militärische Spielerei --- Braucht man mehr um zu beweisen, dass Deutschland mobilisierte, im Geheimen mobilisierte? – Ich glaube nicht.«

Der Oberprimaner versteht das. »Der Kaiser hatte sich ganz dafür eingesetzt, dass der Frieden erhalten bleibe – aber was vermag er gegen die tückische Hinterlist eines dem Trunke ergebenen russischen Despoten, dem das Heft entwunden ist? – Nichts.« Wilhelm schließt sich der allgemeinen Erzählung an: Österreich ist zu einem Verteidigungskrieg gezwungen, der treue Bündnispartner Deutschland muss es dabei unterstützen.

Es ist ein ungewöhnlich heißer, schöner Sommer, die Ferien werden erst im August beginnen, auch die Abiturprüfungen liegen spät, am Schuljahresende. Die Oberrealschüler sind aufgewühlt. Sie freuen sich, dass Österreich Stärke demonstriert. »Etwas Erfreuliches aus Österreich, etwas Festes, Entschloßenes (sic!) hörte man selten, deshalb die Freude, der Stolz auf den Bundesgenossen.«

Nicht zuletzt gibt es da die persönliche Verflochtenheit der kurz vor dem Abitur stehenden jungen Männer in das Geschehen. Eine verrückte Lage. Man hat den Eindruck, dass die Schüler mit den Hufen scharren: Wilhelm beschreibt ihre »mürrischen Gesichter«, wenn eine Entspannung der Situation möglich erscheint, die heitere Atmosphäre, sobald sie umgekehrt von einer Verschärfung der »Krisis« hören. »Welch ein Gegensatz!« notiert er angesichts der Gefühlsverwirrung. Sollte es jetzt schnell zum Krieg kommen, winkt den Schülern ein »Kriegsabitur«: »Fünf leichte Fragen, das ist alles. Man bekommt's geschenkt.« Schließlich aber müssen sie, Anfang August 1914, dann doch ein »ganz reguläres Examen« machen.

Das hat es in sich – diesmal in ganz besonderer Art. Französisch am ersten Tag. »Wie ist einem zu ›Mute‹? – Draußen kämpfen unsere Truppen mit unserem Erzfeinde, dem Franzosen, und wir schreiben und mühen uns ab mit einer französischen Übersetzung. Welch' eine Ironie des Schicksals!« Englisch dann. »Morgens erklärt uns England nichtigerweise den Krieg und nachmittags schreiben wir einen englischen Aufsatz. Kommentar überflüssig, würden die Zeitungen schreiben.«

Der Gipfel ist vielleicht aber doch der Aufsatz in Deutsch. Ein Besinnungsaufsatz über eine Passage aus einem Gedicht von Friedrich Schiller: »Dass wir Menschen nur sind, / Der Gedanke beuge das Haupt dir. / Doch dass Menschen wir sind, / Richte dich freudig empor.« Wilhelm scheint vor allem dem ersten Teil des Schillerschen Gedankens Beachtung geschenkt zu haben, dem Wörtchen »Nur«, dem Beugen des Hauptes. Er schreibt nach dem Abi in sein Heftchen: »Welch ein Thema für die Kriegszeit. Jetzt sollen wir unser Haupt beugen, jetzt wo wir von allen Seiten angegriffen werden, nein jetzt halten wir ihn steif und fest und keck in die Höhe!«

Wie ist der Aufsatz von seinem Lehrer aufgenommen worden? Wann wurde die Aufgabe überhaupt ausgewählt, und von wem? Schon vor der Kriegserklärung? Welche Note hat Wilhelm dafür bekommen? Was haben die anderen jungen Männer geschrieben? Wir wissen es nicht.

Wir wissen aber, dass sich der »Ernst des Lebens« für diesen Jahrgang mit ganz speziellen Perspektiven bemerkbar machte. Und wir haben Wilhelms Bericht über die Verabschiedung nach dem Mündlichen, an einem Tag im August 1914, um Viertel vor zwei: »Alle gehen in die Klasse. Der Direktor macht einige sachliche Bemerkungen, dann will er eine Abschiedsrede halten. Nach drei Sätzen stockt er --- helle Tränen treten ihm aus den Augen --- er hält inne --- gibt jedem die Hand --- Welch Wunder, so ein menschliches Rühren hätte keiner dem knurrigen, schroffen Junggesellen zugetraut.«

Wie Wilhelm das schreibt! Hatte er den Gedanken, den Text zu veröffentlichen? Ich finde einen Hinweis darauf, dass ein Text mit dem Titel »Kriegsabitur«, wahrscheinlich ein Teil aus »Wahrheit«, für eine Zeitschrift namens »Leuchtturm« bestimmt war, aber wegen der Kriegszeit nicht aufgenommen werden konnte. »Der Leuchtturm« war eine »Illustrierte Zeitschrift für christliches Leben«, herausgegeben vom »Westdeutschen Jünglingsbund« in Wilhelms Heimatstadt Barmen. Welche Kontakte pflegte Wilhelm als Oberschüler, und später als Soldat, zu dieser Zeitschrift? Spielte Wilhelm mit dem Gedanken, später einmal Journalist zu werden? Immer wieder ist ja in seinem Text von den Zeitungen die Rede, er interessiert sich für Politik, er spielt ein wenig mit den Möglichkeiten der Sprache, Pathos zu erzeugen. Bis hin zum großzügigen Einsatz von Ausrufungszeichen. »Helle, wahre Begeisterung! Solch ein Volk muss siegen!« Wilhelm ist jung, es ist eine bewegte Zeit. Leben, Tod, Abschied, Vaterland.

Nun hat er allerdings erst einmal frei, die ungeliebte Schule hat er verlassen, er schreibt im zweiten Teil seines Heftchen mit dem Titel »Wahrheit« über Soldaten, die in Züge steigen, über feste Männerstimmen, die dabei ein Lied anstimmen, über Abschiede, bei denen Ehemänner ihre Frauen »umfangen« halten, über abgehärmte Frauengesichter, über Kinder, die sich an Schürzen festhalten und den Ernst der Lage nicht erfassen, über Jubel und »helle, wahre Begeisterung«. »Solch ein Volk muss siegen! Hier zeigt sich, dass der Krieg ein wahrhaftiger Volkskrieg ist.«

Inzwischen hat auch Belgien Deutschland den Krieg erklärt. »Als wir in sein Gebiet einschritten, trotzdem es neutrales Gebiet ist«, kommentiert Wilhelm. Wie meint er diesen Satz? Sieht er das Unrecht? Oder ist er der Meinung, dass man in neutrales Gebiet ruhig einmarschieren kann?

Der Zugang zu der Gedankenwelt dieses 18-Jährigen fällt mir schwer. Aber er war noch so jung, seine Umgebung dachte wie er, er wurde in einer anderen Zeit groß. Wie hat er später über den Beginn des Ersten Weltkriegs gedacht?

Erst einmal ist er frustriert, dass er nicht sofort Soldat werden darf. In Düsseldorf stellt er sich vor, wird erst einmal für untauglich erklärt. »Zu schwächlich, Kneifer auf der Nase. Welch eine Schmach!« Im September ein zweiter Anlauf. Wilhelm und sein Bruder Fritz hören das »erlösende Wort«: Tauglich.

Düsseldorf ist zu der Zeit die Hauptstadt des Regierungsbezirks, zu dem Barmen gehört, im Bundesstaat Preußen. Im Rekrutendepot kommt eine harte Zeit. »Schwer drückt der mit einem Sandsack beladene Tornister und das Gewehr gräbt sich in die Schulter ein.« An Weihnachten können die Brüder als Gefreite nach Barmen fahren. Wilhelm berichtet über langweilige Tätigkeiten. »Nein, Wache stehen ist durchaus nichts für halbwegs intelligente Leute, das verblödet direkt.« Man hat Selbstbewusstsein als junger Abiturient …

Zu Kaisers Geburtstag bekommen die Brüder Litzen und Tressen auf die Waffenröcke. Es folgt ein Offizierskursus im brandenburgischen Döberitz. Da traf der Rheinländer Wilhelm in der Baracke »meistens Leute aus dem Osten – trockene, nüchterne Verstandesmenschen zum größten Teil.« Immerhin, am Sonntag erobern die jungen Männer Berlin, wo es wohl aussieht wie im Frieden. Später werden sie zurück verlegt ins Rheinische, nach Ratingen, wo die Brüder bei einem Lehrer wohnen können und, »als angenehme Abwechslung«, Reitunterricht nehmen. Der Berechtigungsschein zum »einjährig-freiwilligen Dienste« ist erhalten, er datiert vom 1. April 1915.

Im Mai wird es ernst. »Im Felde« heißt die Überschrift zu den Notizen. Es ist der Ostfeldzug. Über Breslau – den späteren Wahlkreis von Dr. Wilhelm Fonk – kommt der Angehörige des Infanterieregiments 39 nach Krakau und Tarnow, dann nach Galizien, an den Fluss San. Lange Fußmärsche. Zwischendurch Übernachtung in einem »elenden

Judennest«, dem der junge Soldat seine ersten Flöhe verdankt. Beobachtungen über die Menschen dort: »Die armen Männer tragen ihr Hemd über der Hose«, sie werden »von der Geistlichkeit dumm gehalten«. Die Landschaft aber vergleicht Wilhelm mit der Eifel, aus der seine Eltern stammen. Im Juni geht es weiter in Richtung russische Grenze, von Krásnik ist die Rede, später werden sie Teil der Bug-Offensive, kommen über Brest (-Litowsk) im heutigen Belarus, sind Anfang September am Fluss Jasselda. Immer wieder Märsche, neu ausgehobene Gräben, Erdlöcher, Artilleriefeuer.

Eine kleine Extra-Erzählung Wilhelms vom 26. Juni 1915 trägt den Titel »Mein Sanübergang«. Ein Helden-Bericht? Wilhelm meldet sich jedenfalls freiwillig als Führer einer Offizierspatrouille, die erkunden soll, wie die Russen am beidseits belagerten Fluss weiter vorgehen wollen. Morgens um sechs ziehen sie los, mit einem Kahn und einem Floß. Salven und Schützenfeuer, Wilhelm und seine Leute mitten auf dem »majestätischen« Fluss. Sie feuern »soviel sie können«, um den Feind einzuschüchtern, kommen an Land, stehen plötzlich vor einem russischen Doppelposten. Rufen »Hände hoch!« Nur einer folgt der Aufforderung, der andere versucht noch zu schießen. »Eine Salve unsererseits befördert ihn ins Jenseits. Der andere wird gefangen genommen.« Weiterer Beschuss, ein Verwundeter muss notdürftig verbunden werden. Wilhelm und seine Leute ziehen sich zurück, bieten ein offenes Ziel, bekommen aber Unterstützung vom eigenen Ufer. »Am Ufer schwärmen wir sofort wieder aus, um die ankommenden Verstärkungen unter Feuer zu halten. Ich glaube, dass da noch mancher Russe sein Leben hat lassen müssen.« Auch von den eigenen Leuten erlag später einer im Lazarett seinen Schussverletzungen. Wilhelm schreibt neben diesem anschaulichen Bericht noch eine nüchterne Meldung der freiwilligen Patrouille für seine Vorgesetzten.

Alle Kinder, alle Enkel, Nichten und Neffen fragen sich, ob ihr Vater, ihr Großvater, ihr Onkel im Krieg Menschen getötet hat. Hier lese ich es. Auch wenn der Schuss vielleicht von einem anderen Soldaten abgegeben wurde, erkenne ich Wilhelms Stolz auf die gelungene Aktion. Beweis von Mut, Tapferkeit, militärischen Fähigkeiten, Grundlage für Beförderungen, Ehrungen. Sehr fremd für mich. In unserer Familie gab es, so viel ich weiß, kein »Opa erzählt vom Krieg«. Für meinen Großvater gab es, vor meiner Geburt, außerdem noch einen weiteren Krieg. Und eine Kriegsgefangenschaft.

Badeleben 1915
Deutſche Truppen in Galizien nach einem anſtrengenden Marſch im San-Fluß badend.
Im Vordergrund ein alter galiziſcher Bauer.

Dieser Zeitungsausschnitt hat in unserer Familie die Zeit überdauert. Er liegt, fein säuberlich zusammengefaltet, im Tagebuch meines Großvaters. »Badeleben 1915« titelt dazu die »Berliner Illustrierte Zeitung«. Darunter: »Deutsche Truppen in Galizien nach einem anstrengenden Marsch im San-Fluss badend«. Im Vordergrund, sagt die Zeitung, sei ein »alter ruthenischer Bauer« zu sehen. Was denkt er? Die jungen Leute im Wasser machen einen entspannten Eindruck. Sie genießen es, sie spritzen sich gegenseitig nass, sie spielen. Sie gönnen sich eine Erholung, wie nach anstrengender Arbeit.

Am 18. August ist Wilhelm schon an einem anderen Fluss, dem Bug. Er notiert kurz, es habe »russische Gegenangriffe mit Kavallerie ohne Erfolg« gegeben. Wilhelm zeichnet auf Maßstab-Papier, wie die Ortschaften zueinander liegen, wo die eigenen und die russischen Soldaten Aufstellung genommen haben. Blau für die eigenen Leute, rot für die Rote Armee. In seinem Tagebuch steht: »Hoffnung in Cielesnika!« Im Tagebuch liegt ein klein und mit Bleistift beschriebenes Doppelblatt, fast unleserlich. In diesem Text breitet er ausführlicher, fast literarisch, aus, wie es bei dieser Schlacht zuging. Massen von russischen Reitern, er spricht von Kosaken. »Ein Teil macht die Kosacken (sic!) in unserem Rücken nieder, die anderen schießen nach vorne, und bald ist die bedrohliche Gefahr abgewendet.« Später wird Bilanz gezogen. »Ungeheure Massen von Russen

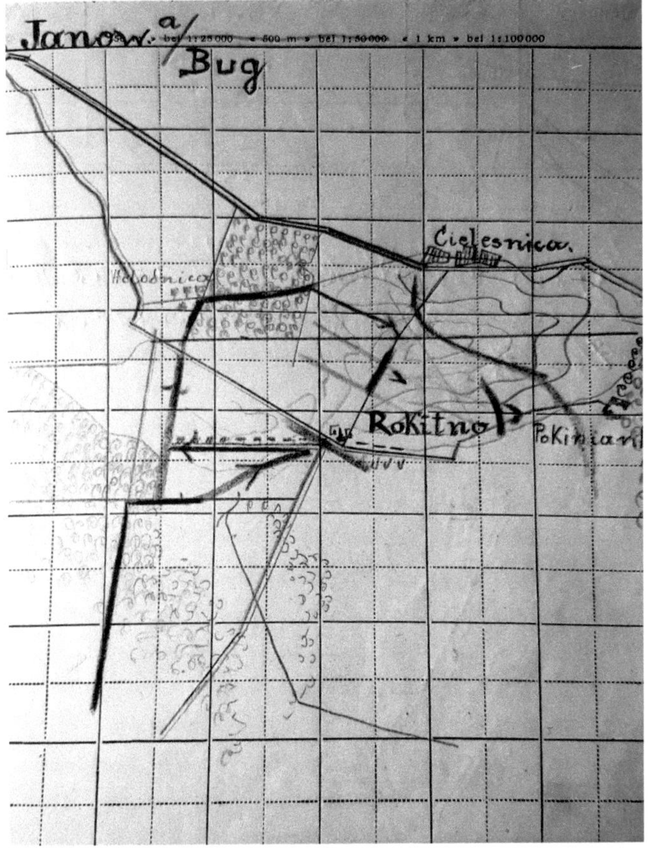

Janow a/Bug
bel 1:25000 500 m bei 1:50000 1 km bei 1:100000
Cielesnica.
Hołodnica
Rokitno
Pokinian

lagen vor der Stellung, dagegen waren unsere Verluste äußerst gering.«

Wilhelms Meinung über die Russen. Ein Lebensthema. Er hat in zwei Kriegen gegen sie gekämpft, war in sowjetischer Kriegsgefangenschaft, seine Familie floh aus der sowjetischen Besatzungszone. Ich bin im »Kalten Krieg« großgeworden. Als ich 16 war, wurde der Prager Frühling von sowjetischen Panzern beendet. Ich war fassungslos, als ich das, Mitte August bei den Großeltern in Ferien, in der »Tagesschau« hörte. 1968. Ich hatte begonnen, mich für Politik zu interessieren. Man hoffte, auch auf einen Weg zwischen den Blöcken, auf Frieden und mehr Gerechtigkeit. Der »dritte Weg«, ein guter Sozialismus! In aller Seelenruhe kommentierte dagegen mein Großvater den Einmarsch, so schien es mir zumindest. Wer die Russen kenne, wundere sich nicht. Nur wer noch Illusionen gehabt habe, habe sich etwas anderes vorstellen können. Mir schien das reichlich kalt. Von der Tagesschau zurück zur Tagesordnung, so kam mir das vor. Ein zweiundsiebzigjähriger Mann im Ruhestand, der schon mit neunzehn als Soldat nach Osten gezogen war, sprach mit einer Sechzehnjährigen, die er nicht für voll nehmen konnte. Einem Mädchen, das heute langsam in die damalige Altersgruppe seines Großvaters aufrückt.

Doch zurück an den Bug: Bei den Generälen hatte sich die Befreiung der Buglinie wohl herumgesprochen. Am 21. und 22.8.1915 gibt es jedenfalls eine Begegnung, die für den jungen Soldaten zum besonderen Erlebnis wurde: Prinz Eitel Friedrich, der damals 33-jährige zweitälteste Sohn des Kaisers, kommt zu Besuch. »Gespräch mit Prinz Eitel«, notiert Wilhelm. Man hört den Stolz des jungen Soldaten. Der Prinz mit dem etwas befremdlichen Namen galt ja auch als Vorbild an Tapferkeit. Später dann, 1918, war er maßgeblich an der Rückeroberung am Chemin des Dames beteiligt.

In Potsdam ist er noch heute gegenwärtig, sein Grab ist im Antikentempel in Sanssouci, geboren wurde er im Marmorpalais, an dem mich viele Spaziergänge vorbeiführen.

Auch Wilhelm hat später am berühmten »Chemin des Dames« gekämpft und wurde dafür mit dem Eisernen Kreuz 1. Klasse ausgezeichnet. Im Jahr 1917 kam er an die Westfront. Also dahin, wo es nach Churchills Worten »zu viele Soldaten für zu wenig Front« gab – ganz im Unterschied zum Osten, wo »zu wenige Soldaten für zu viel Front« verfügbar gewesen seien. Statt großen Märschen durch weite Landschaften müssen nun Kämpfe in engem Gelände gefolgt sein, und das nicht gar so weit von der Heimatstadt Barmen entfernt.

Noch ist es nicht so weit. Leider hat Wilhelm sein Buch nach dem Sommer 1915 nicht fortgesetzt. Es gibt darin aber lose Zettel, in Miniaturschrift und mit Bleistift geschrieben, verblichen, mit einer Büroklammer zusammengehalten, zu Beginn noch von der Ostfront. Darunter ein Entwurf, gedacht wieder für den »Leuchtturm«, wie der Autor notiert.

Wilhelm schildert darin sehr gefühlvoll den Heimaturlaub eines jungen Soldaten. Ist es eine literarische Überformung seines eigenen ersten Heimaturlaubs in Barmen? »Vater – Mutter, vertraute Worte.« Der Soldat in diesem Text wirkt auf die Eltern verändert, in der »Schützengrabenuniform«. Er erzählt und erzählt. Von seinen Erlebnissen. »Die schlimmsten aber verschweigt er, warum die Eltern unnötig aufregen.« Der junge Soldat geht auch in die Stadt, belauscht Gespräche über Mode in einem Café, hört »Bierbauchstrategen« zu, die den Krieg kommentieren, ohne eine Ahnung davon zu haben, wie es »draußen«, im Feld, wirklich zugeht. Dass das »Vergnügungsetablissement Luna« für sich wirbt, schockiert den Heimaturlauber fast.

Eitel Friedrich von Preußen

Kurz: »Ein gewisses Etwas ist zwischen ihn und seine Heimat getreten.« Er fühlt, dass er nach »draußen« gehört, ins Feld, zu seinen Kameraden und Freunden. Die Stadt – handelt es sich wirklich um das kleine Barmen, oder nicht doch eher um Berlin oder Düsseldorf? – ist ihm fremd geworden. »Nur in der Familie fühlt er sich wohl, da ist sein alter Platz noch frei geblieben, ja vergrößert und erhöht worden.« Beim Abschied weint dieser Soldat. Doch er muss und will nun »wieder hinaus ins ferne Russland, um für Deutschlands Größe und Herrlichkeit zu kämpfen und zu siegen.«

Auch an einer anderen Stelle in der Kladde wird es ausgesprochen patriotisch. »Wir dienen unserem bedrängten Vaterlande. Das Vaterland hat uns nötig, darum kommen wir.« Wilhelm nennt es »Idealismus«, findet bei den Soldaten »nirgends ein Zeichen der Dekadenz, von der man immer sprach – und zwar sehr oft mit Recht«. Es schien ihm so, »als ob alle umgewandelt seien, umgewandelt in einen neuen Menschen, der mit dem alten nichts zu tun habe«. Er spricht von einem »welterschütternden Ereignis«, das dies zustande gebracht habe. »Und der Weltkrieg war ein solches Ereignis. Ich schätze mich glücklich, solch eine Zeit miterlebt zu haben.« Noch glücklicher sei er, in dieser Zeit als Vaterlandsverteidiger gedient zu haben.

Ich weiß nicht, zu welchem Zeitpunkt er diese Gedanken aufgezeichnet hat, und ob er sie später, nach Ende dieses Krieges, noch unterschrieben hätte. Möglicherweise hat er sie auch erst nachträglich eingefügt. Jedenfalls mit Bleistift, mit flüchtiger Schrift. Ich bin beim Entziffern erschrocken. Formulierungen, die ich aus Büchern von anderen Kriegsteilnehmern kenne, die

*ich als Floskeln empfinde, weil die Emotionen, die wohl da-
hinter stehen, mir fremd sind: Sie sind auch aus der Feder (in
diesem Fall: aus dem Bleistift) meines Großvaters geflossen.*

Auch für Wilhelm geht es nach seinem Heimaturlaub zurück im Zug, zunächst zurück nach Russland. Auf einem
kleineren, undatierten Zettel hat er dort einige Zeit später
notiert: »Gemunkel: Wir kommen nach Westen, nach Italien.« Wann war das genau? Italien hat im Mai 2015 die
Fronten gewechselt und steht nun im Krieg gegen die Mit-
telmächte. Offensichtlich stimmten, was Wilhelms Kompagnie betrifft, die Gerüchte aber nicht, er kommt nicht
nach Italien. Monate später tauchen Ortsnamen für die
Durchreise auf: Apolda, Bebra, Fulda, schließlich Metz. Ich
kann entziffern: »bei wunderbarem Wetter und glänzender
Stimmung, Verpflegung tadellos«. Später ist von Laon die
Rede. Leider finden sich nur diese versprengten Notizen.

*Wie war es für Wilhelm, den Rheinländer, der in der Ober-
realschule französisch gelernt hatte, gegen Frankreich zu kämpfen? Anlässlich seines Abiturs in dieser Fremdsprache hatte er ja
noch von »Ironie des Schicksals« gesprochen. Inzwischen war
einiges passiert, er hatte eine weite und lange Reise nach Osten*

lebend überstanden, er hatte fremde Landschaften und Menschen gesehen, weite Fußmärsche gemacht.

Dies war wahrscheinlich die erste Reise nach Frankreich hinein. In die Champagne, in die Hochebene zwischen Reims und Soissons. Natürlich denke ich an Champagner, an Kathedralen, an den Schüleraustausch meiner Tochter mit einem Mädchen aus Soissons. Daran, dass französische Soldaten hier am Chemin des Dames meuterten, dass sie genug hatten vom Marschieren, die Nase voll, »ras le bol«, wie sie in einem bekannten Chanson sangen. Aber der Maréchal Pétain schlug diesen Aufstand blutig nieder, das Lied durfte danach lange nicht gesungen werden. Wir kennen es aus französischen Filmen.

Im Oktober 1917 berichtet Wilhelm von Schmerzen im Knie. Eine Verwundung? Welche Verletzung(en) er hatte, weiß heute keiner mehr. Jedenfalls verbrachte er längere Zeit in verschiedenen Lazaretten. Mitte Oktober 1917 notiert er kurz, ein Lazarettzug sei über Charleroi, Lüttich, Aachen, Hagen und Arnsberg im Sauerland nach Kassel gegangen. In Bad Wildungen werden sie einquartiert. »Eigentümlicher Betrieb hier: Unter 6 Ärzten wählt sich jeder Offizier seinen Arzt.« Sein Zimmer findet er »tadellos«, die Verpflegung »glänzend«. Wochen später ist von kleineren

Spaziergängen die Rede, Wilhelm kann wieder laufen. Nach dem Mittagessen spielt er des Öfteren etwas Klavier.

Wie gut hat er gespielt? Was hat er gespielt? Waren da Noten oder konnte er etwas auswendig? Später gab er meiner Mutter und meiner Tante Unterricht. Ich habe ihn jedoch nie spielen hören, in seinem Nachkriegshaus stand kein Klavier.

Zwischendurch empfängt er, noch im Lazarett und »morgens im Bett«, das Eiserne Kreuz 1. Klasse. »Natürlich große Freude. Was lange währt, wird endlich gut.«

Im Dezember kann er nach Barmen, ins Petrus-Krankenhaus und zu seinen Eltern. Er schreibt nichts von einem anderen Ereignis, das sich aber anlässlich dieses Heimaturlaubs abgespielt haben muss: Hedwig notiert es später, am 23. Dezember 1935, in dem Buch, das sie ihrem Willy wie jedes Jahr zu Weihnachten schenken wird: »Heute vor 18 Jahren haben wir uns heimlich verlobt.« Kurz zurückgerechnet: Am 23. Dezember 1917 haben sie sich also versprochen, dass sie einmal zusammen leben wollten. Die beiden jungen Leute, die sich schon als Kinder kannten. Vielleicht keine Sandkasten-, aber nach allem, was wir später hörten, doch Schlitten-Freunde …

Verlobung hin oder her: Nach dem Urlaub in Barmen wird Wilhelm in Düsseldorf einer neuen Kompagnie zugeteilt, vertritt verschiedene Vorgesetzte, tut Dienst als Adjutant. Er begleitet Mitte August, wie wiederum einem eingelegten Tagebuch-Blatt zu entnehmen ist, einen Transport von Soldaten, die zuvor in russischer Gefangenschaft waren, zur Westfront. Auf dem Rückweg hat er Gelegenheit, Brügge, Gent und Antwerpen anzuschauen. Fast touristisch mutet diese Notiz an. Im November 1918 schließlich erkrankt Wilhelm an Grippe, hat 40 Grad Fieber, wird von Charleville in Belgien aus im Lazarettzug nach Coburg gebracht. Die berühmte »Spanische Grippe« von 1918? Wilhelm wird ihr nicht, wie so viele Altersgenossen, erliegen. Am 9. Dezember kann er nach Barmen fahren.

Schon am 11. November, Wilhelm laborierte zu diesem Zeitpunkt möglicherweise an seiner Influenza, hatte der Reichstags-Abgeordnete Matthias Erzberger im Eisenbahnwagon des Maréchal Foch in Compiègne bei Paris als Erster einer deutschen Delegation den Waffenstillstands-Vertrag unterzeichnet. Die Generäle Hindenburg und Ludendorff hatten ihn vorgeschickt. Erzberger war Abgeordneter der Deutschen Zentrumspartei – Wilhelms späterer politischer Heimat.

Wir kennen die Folgen dieses Krieges, wir haben Remarques »Im Westen nichts Neues« gelesen, das Ende der 20er Jahre erschien. Wir lesen heute Zeitzeugnisse wie das des jungen österreichischen Oberleutnants Franz Jungbauer, der am 17. 4. 1916 von der Front am Isonzo in einem Brief nach Hause schreibt: »Ich denke, die hervorragendste Eigenschaft aller, die zurückzukommen das Glück haben, wird eine ausgesprochene Gleichgültigkeit sein. Wenn man diesen Seelenzustand bisher nie gekannt hätte, in diesem Krieg hätte er geboren werden müssen. Ohne ihn müsste man zugrunde gehen.« Französische Soldaten äußern ähnliche Gedanken, wie die Historikerin Brigitte Hamann in ihrem lesenswerten Buch »Der Erste Weltkrieg. Wahrheit und Lüge in Bildern und Texten« dokumentiert. Ein Etienne Tanty schreibt an seine Verwandten im Januar 1915 die drastischen Worte: »Wir verkommen zu Tieren.« Er habe beim Rapport die Briefe gefangener Deutscher vorgelesen bekommen, vermerkt dieser Soldat. »Sie schreiben das Gleiche wie wir. (...) Diese unglücklichen Boches sind wie wir! Sie sind wie wir, und das Unglück ist für alle gleich.« Ein anderer schreibt über einen Kameraden, der an einem Schuss durch den Mund stirbt. »Ich bin merkwürdig ruhig und kalt geblieben.« Man müsse »hart sein, unerbittlich hart«. Später habe er aber doch gemerkt, dass er den Kameraden sehr gern hatte.

Hatte Wilhelm solche Erlebnisse und Gedanken auch? Ist auch er »gleichgültig« aus diesem Krieg zurückgekommen? Gleichgültiger zumindest? Er hat es nicht aufgeschrieben. Wir Nachgeborenen kennen die pazifistischen Dichter auf beiden Seiten, kennen den Briefwechsel zwischen Romain Rolland dem Franzosen und Stefan Zweig dem Österreicher. Wir wissen, dass später Adenauer und De Gaulle fast Freunde wurden, Mitterand und Kohl sich vor der Kathedrale von Reims die Hand gaben. Wir profitierten in den 60er Jahren des Jahrhunderts, zu dessen Beginn unsere Großväter am Chemin des Dames kämpften und verwundet wurden, von den Anstrengungen unserer Regierungen, die jungen Leute aus beiden Ländern zusammenzubringen. Meinem Großvater gefiel, dass wir uns mit Mädchen aus Frankreich anfreundeten. Wenn junge Leute den Wehrdienst verweigerten, fand er das aber überhaupt nicht gut.

Mir fällt ein, was er gerne sagte, wenn wir als Kinder beim gemeinsamen Essen für seine Begriffe zu wild mit Messer und Gabel herumfuchtelten: »Die Waffen nieder!«, rief er dann. Die Waffen nieder? Erst später lernte ich, dass er damit Bertha von Suttner zitiert hatte, die Schriftstellerin und Pazifistin. Der Titel ihres sehr ernsthaften Buches am Esstisch? Zu Erziehungszwecken eingesetzt? Auch als leicht verschüchtertes Kind hatte ich den Eindruck, dass ein Ausdruck von feiner Ironie im Ge-

sicht meines Großvaters lag, wenn er diesen Spruch gebrauchte. Verstanden habe ich nichts. Heute denke ich: Nein, Pazifist war Wilhelm nicht.

Mein Großvater sagte aber, als ich schon etwas älter war, einmal in meiner Gegenwart, sein Unglück sei es gewesen, dass er zu den Jahrgängen gehört habe, die zweimal in den Krieg ziehen mussten. Er war 18 Jahre alt, als der Erste Weltkrieg begann, 43, als der Zweite anfing. Sicher hat er über dieses sein Unglück nicht zu mir gesprochen, sondern zu den anwesenden Erwachsenen. Immerhin habe ich es aufgeschnappt – wofür ich heute dankbar bin.

*»So weit die Erde Himmel sein kann,
soweit ist sie es in einer glücklichen Ehe.«*
MARIE VON EBNER-ESCHENBACH

2

Volkswirt und Vater

Wirtschaft. Reich. Rat

Nun, nach dem »Großen Krieg«, ging für Wilhelm alles ziemlich schnell: Er studierte Volkswirtschaft in Münster und Köln (wenn im Netz zu lesen ist, er habe das auch in München getan, handelt es sich wohl um einen Übermittlungsfehler), und er konnte schon am 24. November 1920 seine Dissertation mit dem Prädikat »Sehr gut« verteidigen. Das Tempo wirkt atemberaubend, vor allem, wenn man an heutige Promotionsvorhaben denkt. Dabei war Wilhelm nicht durch die Bank ein besonders guter Schüler gewesen. Sein Abiturzeugnis weist aus: Mathematik: Genügend, Chemie, Physik und Englisch ebenfalls genügend. Das ist, im vierstufigen Notensystem der Zeit (sehr gut – gut – genügend – ungenügend), einer heutigen drei bis vier zu vergleichen. Gut war er in Deutsch, Französisch, Geschichte, und im Zeichnen, für das er ein besonderes Talent gehabt haben soll. Im ersten Tertial der Oberprima sah es ähnlich aus, da kam noch die Religionslehre mit »Gut« und Betragen mit »Sehr gut« dazu.

Dass er literarisch-journalistischen Ehrgeiz hatte, darauf weisen die Texte hin, die der Abiturient und der junge Soldat mit der Absicht verfasst hat, sie zur Veröffentlichung einzureichen. Welche Gedanken machte sich der junge Kriegsheimkehrer über seinen künftigen Beruf? Hat ihn jemand dabei beraten? Hatte er Vorbilder? Welche Rolle spielten Begabungen und Neigungen? Hatte das väterliche Vorbild (Lehrer und Schulrektor) gar keinen Einfluss? War seine Studienwahl womöglich viel mehr beeinflusst von der Tatsache, dass er in der Stadt Barmen lebte, in der die Textilindustrie stark war? Barmen und Elberfeld (von wo Friedrich Engels stammte) galten schließlich als »deutsches Manchester«.

Nun also die Doktorarbeit. In der Universitäts- und Stadtbibliothek Köln kann sie ausgeliehen werden, 106 Seiten, Erscheinungsjahr 1920. Titel: »Die deutschen Interessenvertretungen von Industrie und Handel, insbesondere in Preussen, ihre Entstehung und Tätigkeit ; eine Vorstudie für die Zusammensetzung des Reichswirtschaftsrates«. Sie machte Wilhelm zu dem »Doktor Fonk«, als der er bald respektvoll angeredet wurde. Wilhelm hatte sich mit dem Für und Wider der Errichtung eines »Reichswirtschaftsrates« in der noch jungen Weimarer Republik beschäftigt. Das klingt zunächst einmal etwas dröge und nicht gerade mitreißend. Spannend ist bei näherer Betrachtung aber doch, dass die Weimarer Verfassung einen solchen Rat vor-

Oberrealschule in Barmen.

I Tertial 191*4*

Schulzeugnis

Wilhelm Fonk

Prädikate für die Leistungen: Sehr gut; gut; genügend; mangelhaft; nichtgenügend.
Eine Verfügung des Königlichen Provinzial-Schul-Kollegiums vom 15. Februar 1882 bestimmt, dass am Ende des Schuljahres
schon das Prädikat „mangelhaft" die Versetzung ausschliessen kann und namentlich dann ausschliesst, wenn es in mehreren
Gegenständen erteilt werden muss.

Betragen: *sehr gut*

Aufmerksamkeit: *gut*

Leistungen:

Religionslehre: *gut*

Chemie: *genügend (anfangs geringer)*

Deutsch: *gut (zuweilen etwas geringer)*

Rechnen:

Französisch: *genügend*

Geometrie: }

Englisch: *genügend*

Arithmetik: } *genügend*

Geschichte: *gut*

Schreiben bez. Handschrift:

Erdkunde: *genügend*

Zeichnen: *gut*

Naturbeschreibung:

Singen:

Physik: *genügend*

Turnen: *genügend*

Versäumnis:

Besondere Bemerkungen:

Barmen, den *4. August* 1914

Der Direktor:

Der Klassenlehrer:

Unterschrift des Vaters oder seines Stellvertreters:

sah, und dass er wohl von »links« wie von »rechts« gewollt wurde, von Arbeitnehmern wie Arbeitgebern. Der Reichswirtschaftsrat sollte berechtigt sein, Gesetzesvorlagen einzubringen. Eine heikle Sache. Eine solche Konkurrenz in Sachen Gesetzgebung sei dem Reichstag »erspart geblieben«, schreibt der Historiker Heinrich August Winkler in seinem Buch »Weimar 1918 bis 1933«. Aber eine wichtige Idee stand doch dahinter: Arbeit und Kapital sollten eine gewisse Parität haben, als Tarifpartner Vereinbarungen treffen und im Staat als Sachkundige anerkannt werden. Ist es das, was den jungen Volkswirt Wilhelm an der Sache interessiert hat?

Schon zuvor hatte er Praktika in der Wirtschaft absolviert. Es gibt ein Zeugnis des Schnürriemen-Fabrikanten-Verbandes e.V., unterschrieben von einem Dr. Wolters in Barmen. Am 19. Oktober 1920 bescheinigt er Herrn cand. rer. pol. Wilhelm Fonk, dass er in sämtlichen Abteilungen des Verbandes eingesetzt und zur »selbständigen Erledigung bestimmter kartellrechtlicher Arbeiten herangezogen« wurde. Er sei folglich in der Lage, sich »in verhältnismäßig kurzer Zeit in einen ähnlich liegenden Arbeitskreis einzuarbeiten«.

Schnürriemen-Fabrikanten-Verband, e. V.

Telegramm-Adresse:
Dr. Wolters, Barmen.

Fernsprecher Nr. 1848, 1890.

Bankkonto: Deutsche Bank.
Filiale Barmen.

Barmen, 19. Oktober 1920.

Ein wundervolles deutsches Wort: Schürriemen-Fabrikanten-Verband. Der Briefkopf mit seinen Schnörkeln passt dazu.

Knapp zwei Jahre später hat der junge Herr Doktor dann das erste Zeugnis über eine wirkliche Berufstätigkeit in der Tasche: Er hat eineinhalb Jahre lang, von Mitte Januar 1921 bis zum 31. Juli 1922, als Assistent beim Verband Rheinisch-Westfälischer Baumwollspinner e. V. – Linksrheinische Gruppe – gearbeitet. Das Zeugnis stammt aus Mönchengladbach, er ist also wohl auch aus dem Elternhaus ausgezogen, das er für das Studium ja schon zeitweise verlassen hatte. Dem Assistenten wird bescheinigt, zur vollen Zufriedenheit gearbeitet zu haben. »Begabung, großer Fleiß sowie eine gute theoretische Vorbildung ermöglichten es ihm, sich in die praktischen Fragen mit Verständnis und rascher Auffassung einzuleben und bereits nach kurzer Zeit auch selbständig zu arbeiten.« Auch bei Verhandlungen habe er gute Erfolge zu verzeichnen. Und »bei der Behandlung vertraulicher und persönlicher Fragen innerhalb des Verbandes bewies er Zuverlässigkeit und Takt«, wie ein Vorgesetzter schreibt, der mit AMöhlenbeck zeichnet.

Wilhelm verlässt den Verband auf eigenen Wunsch: Er
wird sich beruflich verbessern, und er ist ja nun seit kurzem verheiratet.

Ins Zentrum, in die Hauptstadt

Wilhelm, der studierte und promovierte Volkswirt, hat nun
beruflich viel zu tun. Am 19. August 1922, kurz nach der
Hochzeit, war er Syndikus der Handels- und Industriebeiräte der westfälischen und rheinischen Zentrumspartei geworden. Das waren die Beiräte, die die Interessen der für ihn
heimischen Industrie vertraten, Wilhelm hatte schließlich im
Rheinland und in Westfalen gelebt und studiert. Der neue
Job brachte ihn nun in die Hauptstadt, wo die Beiräte – nah
an der Regierung logischerweise – ihren Sitz hatten.

»Syndikus« war Wilhelm nun also. Ungewöhnliche Be-
rufsbezeichnung für heutige Ohren. »Rechtsbeistand eines
Unternehmens oder Verbandes«, klärt Wikipedia auf. Und
ergänzt dazu gleich, der Begriff sei veraltet, in den 20er Jahren des 20. Jahrhunderts sei damit ungefähr das gemeint
gewesen, was heute als »Geschäftsführer« bezeichnet werde.
Die Wortbedeutung gefällt mir: Ein Syndikus ist jemand,

der »mit dem Recht geht«, griechisch syn dike. Was hatte Wilhelm zu tun? Worüber musste er verhandeln, welche Papiere bearbeiten, wie oft reiste er in seine alte Heimat? Wie viel hat er eigentlich verdient? Und wie fühlte sich der junge Mann in seinem Beruf?

Er stand nun mit einem Mal auf der Seite der »Arbeitgeber«, der Fabrikanten und Industriellen, vertrat die Interessen derer, die Arbeiter und Angestellte beschäftigten, in ihren Firmen Dinge herstellen ließen und verkauften. Der junge Mann, der als promovierter Volkswirt für sie arbeitete, war selbst ein Angestellter. Welche Vorstellungen hatte er über die Beziehung zwischen Arbeit und Kapital?

Er arbeitete nun für die Deutsche Zentrumspartei. Über ein Jahrzehnt. Zumindest in den letzten Jahren fuhr er dafür in die Brückenallee 24. Dort waren die Büroräume der Handel- und Industriebeiräte der Deutschen Zentrumspartei. Es gibt diese Straße inzwischen nicht mehr, sie liegt am Rand des heutigen Hansaviertels und war seinerzeit recht vornehm. In der Nachbarschaft existiert noch die Konditorei Buchwald, die schon damals besonders gute Baumkuchen fabrizierte. Hat Wilhelm dort ab und zu eingekauft? Baumkuchen liebten er und seine Hedwig ja, besonders in der Weihnachtszeit.

Die (gar nicht so) wilden Zwanziger

Am 11. Juli 1922 haben sich in der Elisabeth-Kirche zu Barmen-Heckinghausen Dr. Wilhelm Johannes Eberhard Fonk, geboren am 25. Januar 1896 zu Barmen, und Katharina Hedwig Eichelsbacher, geboren am 15. September 1898 zu Heiligenroth im Kreis Unterwesterwald, das Ja-Wort gegeben. Schon am 17. Mai hatte die standesamtliche Trauung stattgefunden. Der Bräutigam war 26, die Braut 23 Jahre alt. Es gibt dieses Foto von der Hochzeitsreise in den Harz. Es wirkt wie im Studio aufgenommen: Bergkulisse im Hintergrund, die beiden sitzen auf einem Mäuerchen, Wanderstöcke in der Hand, robuste Lederstiefel an den Füßen. Sie inzwischen mit Bubikopf, und mit einer modischen Netzmütze, Blick aus großen runden Augen. Er in Anzug und Krawatte, schon mit Mitte 20 ein ernst blickender, seriös wirkender Herr.

So waren die Fotos in dieser Zeit, schon wegen der langen Belichtungszeiten. So waren aber auch diese beiden. Sie standen am Start, sie würden etwas aufbauen, auf einer gemeinsamen Basis, zu der auch ihr katholischer Glaube gehörte.

Wenig später zogen sie nach Berlin. Die Lehrerskinder

Mama u. Papa auf der Hochzeitsreise
im Harz.

aus Barmen kamen zu Beginn der »Roaring Twenties« in der Hauptstadt an, einer aufregenden Zeit. »Ihre« Zwanziger Jahre dort waren aber kaum die »wilden«, an die Bücher und Filme uns heute denken lassen. Wie viel Kunst und Kultur erlebten sie, wo waren sie im Theater, wie dachten sie über die neuen Varietés, die Frivolitäten, die Schlager, die Leuchtreklamen? Über die Kontraste dazu, die Kriegsversehrten, die Bettler auf den Straßen? Wo kauften sie ein?

Später erinnerte sich meine Mutter, dass es neue Schuhe in ihrer Berliner Kindheit meist von »Stiller« oder »Leiser« gab. Die Namen der Schuhgeschäfte sagten ihr, wie man beim Gehen auftreten sollte: zart, zierlich, auf keinen Fall zu laut.

Welche Rolle spielte für Wilhelm, beruflich wie privat, die extreme Inflation, die sich 1923, im Geburtsjahr ihres ersten Kindes, ereignete? Sie hatte schließlich für die Wirtschaft wie für das Privatleben der Bürger und Bürgerinnen des Landes eine ziemlich große Bedeutung. Doch wir wissen nicht, wie sie sich auf Wilhelm auswirkte. Wir wissen nicht, wie er die Besetzung des Industriegebiets im heimatlichen Rheinland und in Westfalen durch die im Krieg siegreichen Franzosen und Belgier empfand, und wie er den »Ruhrkampf« bewertete, der die Reaktion darauf war – und der die Krise noch anfeuerte.

Das private Leben der Fonks spielte sich in den 13 Berliner Jahren zunächst für kurze Zeit in Steglitz, dann vorwiegend im Ortsteil Dahlem ab. Löhleinstraße 15. Dort lebten sie mit ihren ein, zwei, drei, vier Kindern. Ein Jahr und einen Tag nach der Hochzeit wurde das erste von ihnen geboren, meine Mutter, schon eineinhalb Jahre später die zweite Tochter, dann in dichter Folge der einzige Sohn und eine dritte Tochter. Die Familie war Hedwigs Reich, Kinder- und Hausmädchen halfen ihr. Bürgerliche Haushalte hatten damals Angestellte, und Wilhelm verdiente gut. Seine Hedwig konnte sich modisch kleiden, gutes Essen einkaufen. Das geräumige Haus, in das die Familie einzog, wird in Briefen später als »Diensthaus« bezeichnet. Wilhelm durfte es also wohl mit seiner Familie wegen seiner beruflichen Funktion beziehen.

Die Zeit zwischen dem Jahresende 1923, als die Zwischenwährung »Rentenmark« der Inflation ein Ende setzte, und dem Jahr 1928 wird als das »gute Jahrfünft« beschrieben. Eine Zeit der Konsolidierung, Stresemann als zeitweiliger Kanzler und Außenminister machte vernünftige Poli-

tik, das Ansehen des Deutschen Reiches und die Wirtschaft erholten sich.

Auch Wilhelm stand beruflich und privat auf sicheren Füßen. Das Haus in der Löhleinstraße steht noch, im Lauf der Jahre hat es sich baulich ein wenig verändert. In diesem Garten spielten die Kinder.

Sonntags ging die Familie bis zur U-Bahn-Haltestelle Dahlem Dorf, bog dort links in die König-Luise-Straße ein,

schlenderte vorbei an der Domäne Dahlem und nahm sich
den Grunewald zum Ziel des Sonntagsspaziergangs.

In dieser Kirche, die es heute ebenfalls noch gibt und die
damals noch ganz neu war und einen für viele noch unge-
wöhnlichen Baustil hatte, gingen meine Mutter und meine
Tante zur Erstkommunion, dort besuchte die Familie am
Sonntagmorgen die Heilige Messe.

*»Allein die Demokratie kann die Zukunft und
Rettung des deutschen Volkes verbürgen.«*
MATTHIAS ERZBERGER, ZENTRUMS-POLITIKER,
1921 VON RECHTSEXTREMISTEN ERMORDET

3

Der Abgeordnete und seine Partei

Bei Brüning

Das genaue Datum ist unklar, aber irgendwann Mitte der 20er Jahre muss Dr. Wilhelm Fonk Mitglied der Deutschen Zentrumspartei geworden sein. Die Wirtschaftspolitik war sein Feld, die große Wirtschaftskrise von 1929 muss auch ihn beschäftigt haben.

Er arbeitete eng mit dem elf Jahre älteren Dr. Heinrich Brüning zusammen, dem Reichskanzler, der für seine Deflationspolitik berühmt wurde – und dem später manche eine Mitschuld am Aufstieg der NSDAP gaben. Solidität des Staatshaushalts, Signale an die Siegermächte des Weltkriegs, dass Deutschland seine Reparationslast nicht tragen könne, dass es aber friedlich gesinnt sei und konstruktiv Politik mache, das waren Motive des Politikers, der oft als »der Tugendhafte« charakterisiert wurde.

Politisch galt er eher als »national-konservativ«, wie Wilhelm war er Soldat gewesen, stammte aus dem Münsterland und fühlte sich »preußischen« Tugenden verpflichtet. Als ehemaliger Geschäftsführer des Dachverbandes christlicher Gewerkschaften dachte er zugleich aber auch »links« und sozialpolitisch. Unermüdlich tätig, ohne Anspruch auf Luxus, oder auch nur auf ein privates Leben, wohnte er in

Berlin zunächst »möbliert«, später ließ er sich im Sankt-Hedwig-Krankenhaus von den Ordensschwestern beköstigen und bewohnte dort bescheidene Zimmer. In späteren Jahren soll er es als einen Fehler betrachtet haben, dass er nicht geheiratet hatte. Schierer Luxus war es, dass er in den Jahren als Reichskanzler drei Zimmer im Palais bewohnte, das den Kanzlern zustand. Konnte er sich dort wenigstens stundenweise von seiner aufreibenden Arbeit erholen?

»Ich übernehme eine Aufgabe, die zu neun Zehnteln verloren ist«, hatte er bei der Amtsübernahme am 30. 3. 1930 gesagt. Von links und von rechts wird er angefeindet: Die KPD nennt ihn den »Hungerkanzler«, Goebbels zieht im Reichstag über ihn her. Er findet noch dazu Reparationsverpflichtungen vor, die eigentlich bis ins Jahr 1988 andauern sollen, und dazu drei Millionen Arbeitslose. Er kämpft für Hindenburg als Reichspräsidenten, um Hitler und Thälmann zu verhindern, und erntet keinen Dank dafür. Er kämpft dafür, dass die Reparationszahlungen eingestellt werden dürfen, er kämpft dafür, dass Deutschland auch außenpolitisch wieder gleichberechtigt auftreten kann. Die Erfolge heimsen schließlich andere ein, von Brüning bleibt der Eindruck des Rigiden, Sparsamen, Strengen. 26 Monate

lang bleibt er als Reichskanzler im Amt. Später emigriert er in die USA.

Wilhelm blieb mit ihm im Kontakt. Im Kleingedruckten einer Brüning-Biografie (von Herbert Hömig, aus dem Jahr 2005) stoße ich auf den Hinweis, dass mein Großvater noch kurz vor dessen Tod eine Großdruck-Bibel als Geschenk zu Brüning in die USA gesandt haben muss. In einem Brief, dessen Durchschlag in einem Archiv aufbewahrt ist, dankt Brünings wesentlich jüngere Freundin (und Lebensgefährtin?) Claire Nix demnach am 6. Januar 1970 meinem Großvater für diese Bibel. Darin zu lesen, sei eine der letzten Freuden Brünings kurz vor seinem Tod gewesen.

In dieser Biografie wird auch erwähnt, dass Wilhelm Fonk, der ehemalige Reichstags-Kollege, Brüning bei dessen Deutschland-Besuch im Sommer 1948 im Sauerland getroffen und anschließend weiter chauffiert hat. »Fonk brachte Brüning mit dem Wagen nach Köln«. Dort habe der ehemalige Zentrums-Vorsitzende sich mit christlichen Gewerkschaftern getroffen.

Ich denke, dass mein Großvater Heinrich Brüning bewundert hat. Der Name wurde in meiner Familie mit einer gewissen Ehrfurcht ausgesprochen. Auf den Fotos erkenne ich eine leichte Ähnlichkeit der beiden Männer: Kurzsichtig beide, mit randlosen Brillen, die prägnanten Köpfe schon in recht jungen Jahren ein wenig kahl, nicht ohne eine gewisse Strenge. Beide aus dem Rheinland und aus Westfalen, beide geprägt von einem »preußischen« Willen zur Pflichterfüllung, beide Soldaten im Ersten Weltkrieg, beide für Solidität und Sparsamkeit, auch in ihrer Wirtschaftspolitik. Beide katholisch, und umso mehr beflissen, ihre Treue zum (mehrheitlich protestantisch geprägten) Staat unter Beweis zu stellen.

Zölibatäre und Ehemänner

Wilhelm war einer der Abgeordneten, die ihren Lebensmittelpunkt ohnehin in Berlin hatten. Er hatte seine Familie, das Haus in Dahlem. Er hatte Menschen, für die er sorgen musste. Andere aus seiner Fraktion, in der es – sage und schreibe – vier katholische Priester gab, lebten als Singles. Junggesellen nannte man damals solche Männer, wenn sie nicht Priester waren. Heinrich Brüning war einer von ihnen – ein großer Unterschied zu Wilhelm. Er hatte keine eigene Wohnung, sondern lebte bei den Ordensschwestern im Sankt Hedwig-Krankenhaus. Wahrscheinlich hat der Politiker aus Münster in Westfalen sie manchmal auch die »Nönneckes« genannt. Ich kenne den Ausdruck von meinen Großeltern. Die Nonnen machten ihm etwas zu essen, sie richteten sein Zimmer. Dieselbe Berliner Adresse hatte der Prälat und langjährige Fraktionsvorsitzende Ludwig Kaas, der aus Trier stammte. Ich stelle mir vor, dass die »Nönneckes« für den Prälaten Schonkost zubereiteten, denn er war ernsthaft magenleidend. Hat er ihnen dafür in der krankenhauseigenen Kapelle die Heilige Messe gelesen? Die Ordensschwestern boten den vielbeschäftigten Politikern ein Heim, eine Zuflucht, einen Ort, an dem sie umsorgt wurden. Vielleicht fühlte das Leben im Krankenhaus sich auch weniger einsam an als das vieler Politiker von heute in den Appartments rund um das Regierungsviertel? Diese Zentrumspolitiker und tiefgläubigen Katholiken waren ja keine Männer, die sich in das wilde Nachtleben der Zwanziger-Dreißiger-Jahre in der Hauptstadt gestürzt hätten. Die aus Einsamkeit eine Liaison eingegangen wären wie später der Unionspolitiker Horst Seehofer, der eine uneheliche Tochter bekam. Es waren aber wahrscheinlich fast durchweg Männer, die sich keine warme Mahlzeit zubereiten konnten. Dafür gab es ja die Ehefrauen, die Dienstboten zuhause – und die Schwestern der Krankenpflegeorden.

Wen hatten übrigens die wenigen weiblichen Abgeordneten? Eine Helene Weber beispielsweise? 15 Jahre älter als Wilhelm, ebenfalls als Lehrerskind im späteren Wuppertal (in ihrem Fall: Elberfeld) geboren, absolvierte sie – wie später meine Großmutter Hedwig – das Lehrerinnenseminar, studierte aber anschließend noch, engagierte sich im Deutschen Katholischen Frauenbund, und war von 1924 bis 1933 Abgeordnete im Reichstag. Damit war sie eine von insgesamt 13 Frauen, die während der Weimarer Republik für das Zentrum im Reichstag saßen. Als Wilhelm dort seinen Sitz einnahm, war sie eine der erfahrenen Abgeordneten. Die streitbare Frau empfand sich selbst als katholische Frauenrechtlerin, erkämpfte später als CDU-Politikerin mit, dass der Satz »Männer und Frauen sind gleichberechtigt« Aufnahme ins Grundgesetz der Bundesrepublik Deutsch-

land fand. (Nicht nur) dafür hat sie eine Briefmarke verdient.

Von Helene Weber ist der Satz überliefert: »Der reine Männerstaat ist das Verderben der Völker.« Sie soll das auf den Krieg bezogen haben. Sicher hat sie es nicht so frivol vorgebracht (und gemeint) wie die lesbische Volkssängerin Claire Waldoff 1926 mit ihrer schmissigen Liedpassage »Raus mit'n Männern aus'm Reichstag und raus mit'n Männern aus'm Landtag«, die mit den Worten schloss: »Wir machen draus / Ein Frauenhaus«.

Das passt nicht zu ihr: Helene Weber muss eine tief gläubige Frau gewesen sein, eine, die nicht heiraten und nicht Mutter werden, aber auch nicht ins Kloster gehen wollte. Sie war für Hingabe an den Beruf, für den »Lehrerinnen-Zölibat«, für »geistige Mütterlichkeit«. Es gab, klassisch katholisch, in dieser Welt für Frauen die Rollen der Mutter und der Jungfrau. Wie mag eine wie Helene Weber das Leben der vielen jungen weiblichen Angestellten der Weimarer Republik empfunden haben, die sich modisch kleideten und sich nach der Arbeit mit Männern vergnügten? Diese modernen jungen Frauen, die Irmgard Keun in ihren Romanen beschreibt, bevölkerten ja das Berlin der Endzwanziger Jahre.

Helene Weber war eine mutige Frau, eine der wenigen Zentrumsabgeordneten, die 1933 in der Probeabstimmung der Fraktion gegen das Ermächtigungsgesetz stimmten. Nachdem sie in der Nazizeit ihren Beruf und ihr Mandat verloren hatte, zog sie in Berlin in eine kleinere Wohnung um. Ich stelle mir vor, dass sie sich zeitlebens zumindest am Rande auch mit der Führung ihres kleinen Haushalts beschäftigt hat, anders als die Junggesellen, die im Krankenhaus lebten, und anders als die Familienväter. Sicher bügelte sie ihre Blusen selbst.

Eine Junggesellin fällt mir noch ein aus Wilhelms Leben: Fräulein Klara Arbeitlang. Sie hieß wirklich so, Wilhelms langjährige Sekretärin. Sie hielt ihm, und zugleich ihrem Leben als Single, bis zu seinem Tod die Treue. Fräulein Arbeitlang war eine der vertrauten Personen meiner Kindertage, eine liebenswürdige Frau mit einem stets sehr freundlichen Lächeln. Meine Großeltern und Fräulein Arbeitlang kannten sich zu dieser Zeit schon seit Jahrzehnten, mein Großvater und sie sahen sich auch in der Zeit des beiderseitigen Ruhestands jede Woche, wenn die Sekretärin zum Diktat wichtiger Briefe und zur Besprechung zu meinen Großeltern nach Hause kam. Familienanschluss, gemeinsames Mittagessen, das war selbstverständlich. Die drei blieben aber ebenso selbstverständlich immer beim »Sie«. Auch beim »Fräulein« blieb es ein Leben lang.

Wahlkreis 7

Für die Reichstagswahl vom Juli 1932 – Brüning ist schon nicht mehr Kanzler – wird Wilhelm von seiner Partei als Kandidat für den Wahlkreis 7 aufgestellt, im schlesischen Breslau. Brüning kommt zum Wahlkampf, spricht in Breslau vor 15 000 Menschen. Sicher hilft Wilhelm der Auftritt des Ex-Kanzlers, für dessen Wirtschaftspolitik er gearbeitet hat. Ich stelle mir die beiden auf der Rednertribüne vor, ernsthaft alle beide, intellektuell wirkend, sachlich ganz sicher, mitreißend womöglich. »Für Wahrheit, Recht und Freiheit!« lautet die Parole der Partei in diesem Wahlkampf.

Wilhelm wurde Abgeordneter des Deutschen Reichstages, und er wurde als solcher zweimal wiedergewählt. Dreimal gewählt, das hört sich großartig an. Aber drei »Legislaturperioden« in nicht einmal einem Jahr! Die zweite Wahl fand ja schon im November 1932, die dritte am 5. März 1933 statt. Von ernsthafter, ruhiger, kontinuierlicher Arbeit konnte unter diesen Umständen keine Rede sein.

Wilhelm war einer der jüngsten Abgeordneten seiner Fraktion. Nur neun von 75 Mandatsträgern waren noch nicht 40 Jahre alt. In seiner Fraktion saßen zahlreiche »alte Hasen«, einige von ihnen waren sogar schon in der Zeit vor dem Ersten Weltkrieg und vor der Gründung der Republik Abgeordnete gewesen. Kein Einziger (und keine Einzige) der Neuen, die nach 1930 für das Zentrum Einzug ins Parlament hielten, bekam einen Sitz in einem Ausschuss, wie der Historiker Rudolf Morsey uns berichtet.

Wir schauen heute mit anderen Augen auf das Geschehen, man kann es nicht oft genug wiederholen. Viele in der Fraktion hatten zum Beispiel die Hoffnung, die wilden Gesellen von der NSDAP würden sich schon noch die Hörner abstoßen. Einige Zentrumsabgeordnete hätten »überheblich« auf Abgeordnete dieser Partei herabgeblickt, berichtet Morsey. Die Volksvertreter von dieser lauten, extremen und wilden Partei kannten teilweise wohl die parlamentarischen Gepflogenheiten nur ungenügend. Einige hätten sich in den Ausschüssen »von ihren Zentrumskollegen offensichtlich gern in der Handhabung der Geschäftsordnung unterweisen lassen«. Kein Wunder, dass die sich den parlamentarischen Neulingen im Braunhemd in jeder Weise gewachsen fühlten.

Die Rowdies von der NSDAP konnten sich ja außerdem bei Bedarf von einer wesentlich zivilisierteren Seite zeigen. Als am 30. August die 6. Periode des Reichstages mit der Rede einer Frau eröffnet wurde, noch dazu von einer Kommunistin, gab es keine Störungen. Es sprach die Alterspräsidentin, die kämpferische 75-jährige Clara Zetkin von der KPD. Alles verlief ausgesprochen zivilisiert, schon am nächsten Tag erklärten NSDAP und Zentrum gemeinsam, sie strebten »Beruhigung und Festigung« der innenpolitischen Verhältnisse »auf längere Sicht«. Auch wirtschaftspolitische Gedanken des Zentrums wurden offensichtlich von der regierenden NSDAP freundlich aufgenommen. Die Unterhändler des Zentrums zeigten sich über das kaum erwartete Entgegenkommen der anderen Seite überrascht, wie Morsey berichtet.

Bedenkt man das, dann verwundert es nicht, dass mit Blick auf die Partei Hitlers, Strassers und Görings die »Zähmungstheorie« vertreten wurde. Wir können es heute nicht (mehr) verstehen, dass 1932 viele Zentrumsabgeordnete sogar eine Koalition mit der NSDAP befürworteten. Zusammen mit der Bayerischen Volkspartei – der BVP, die das Pendant zur heutigen CSU darstellte, mit der das Zentrum aber keine gemeinsame Fraktion bildete – hätte es für eine Mehrheit gereicht, und damit fürs Regieren. So hätte man sich auch gegen Franz von Papen wehren können, den neuen Reichskanzler von Hindenburgs Gnaden, den »Abtrünnigen«, der freiwillig aus dem Zentrum ausgetreten war, ehe man ihn hätte hinauswerfen können, den Schnösel und Herrenreiter, der Brüning in den Rücken gefallen war. Gerade die Christlichen Gewerkschaften waren dafür, die NSDAP in die Pflicht zu nehmen, um eine arbeitsfähige parlamentarische Mehrheit zustande zu bringen. Auch der Kölner Oberbürgermeister Dr. Konrad Adenauer sprach sich dafür aus. Es galt schließlich, eine Präsidialdiktatur unter von Papen zu verhindern. Und hatte man nicht auch nach 1919 die SPD durch Beteiligung an der Regierungsverantwortung »gezähmt«?

Was die Zusammensetzung der eigenen Fraktion betrifft, so war der frisch gekürte Abgeordnete und junge Generalsekretär der Industrie- und Handelsbeiräte Dr. Wilhelm Fonk hoffnungsfroh. Kurz nach der Wahl, Anfang August 1932, hat er in einem Brief seiner Freude darüber Ausdruck gegeben, dass »unsere Gedankengänge« dank der Zuwahl einiger Vertreter aus der Wirtschaft nun »wesentlich besser« im Parlament vertreten seien. »In solcher Zahl sind wir, glaube ich, noch nicht in der Fraktion gewesen.«

Der Brief war an den Industriellen und »Zementkönig« Rudolf ten Hompel gerichtet, einen Parteifreund Wilhelms und Schatzmeister der Beiräte, für die Wilhelm arbeitete. »Wir«, »unsere Gedankengänge« – damit meinte Wilhelm also die Unternehmer und ihre Bestrebungen. Rudolf ten Hompel war zeitweise einer der besonders Erfolgreichen unter ihnen. In Münster hatte er sich eine prächtige Villa errichten lassen, die nicht nur in der Stadt selbst heute viele kennen. Auf der Website des Presse- und Informationsamtes der Stadt Münster wird ten Hompel als etwas großspurig auftretender Mann dargestellt, als jemand, der sein Unternehmen autoritär führte und als Geschäftsmann risikofreudig war, der in seinem »großbürgerlichen« Haus zahlreiche Geselligkeiten veranstaltete. Es wird auch berichtet, dass das alles den Sozialneid vieler Mitbürger hervorrief und sogar für Häme sorgte, als die Firma später wirtschaftlich in Gefahr geriet. Schließlich musste ten Hompel, der von 1920 bis 1928 selber Reichstagsabgeordneter gewesen war, sogar wegen Veruntreuung ins Gefängnis.

»Großindustrielle« wie Zementkönig ten Hompel waren
nicht die typischen Mitglieder der Deutschen Zentrumspartei, und schon gar nicht deren typische Wähler. Das
Zentrum war trotz seines eher bescheidenen Stimmen-
anteils eine »Volkspartei«, denn Männer – und vor allem
Frauen – aller sozialen Schichten wählten es. Das Kriterium
war schließlich nicht die Zugehörigkeit zu einer »Klasse«,
sondern die zur katholischen Kirche. Man suchte nach einem Ausgleich zwischen den Schichten, wollte ihn ohne
»bolschewistischen« Klassenkampf erreichen, hielt engen
Kontakt zu den christlichen Gewerkschaften. Auch von den

Kanzeln wurde in Wahlhirtenbriefen zur Wahl dieser Partei aufgerufen.

Ähnlich wie ich es noch aus meiner Kindheit kenne, wo in der Kirche mehr oder weniger dezent dafür geworben wurde, dass die Gläubigen ihr Kreuz auf dem Wahlzettel für die christlich-demokratische Union machen sollten. Für die Partei des ehemaligen Zentrums-Abgeordneten Dr. Konrad Adenauer, der der Kanzler meiner Kindheit war – wie Dr. Helmut Kohl der Kanzler der Kindheit meiner Kinder. Für Kohl allerdings wurde meines Wissens nicht mehr von der Kanzel herab geworben. Und vor seiner Kanzlerschaft hatte es andere Regierungen gegeben: Ohne den Zustrom von Katholiken hätte es 1969 nicht zur Regierungsmehrheit für SPD und FDP gereicht. Die Zahl der SPD-Wähler unter den Katholiken stieg nämlich von 1953 bis 1976 langsam, aber stetig. Das waren vor allem Wählerinnen, nämlich katholische Frauen.

Aber zurück zum jungen Reichstagsabgeordneten Wilhelm, der so deutlich seine Hoffnung geäußert hatte, die Gedankengänge von Industrie und Handel zur Wirtschaftspolitik in den Reichstag einbringen zu können. Die erste »richtige« Plenarsitzung, an der der 36-jährige Abgeordnete nach der

Juli-Wahl teilnehmen konnte, fand am 12. September statt. Hermann Göring war schon bei der konstituierenden Sitzung am 30. August Reichstagspräsident geworden, gegen den SPD-Mann Paul Löbe. Mit den Stimmen des Zentrums.

Franz von Papen war von Hindenburg zum Kanzler gemacht worden, aber eine parlamentarische Mehrheit zu erringen, war illusorisch. Wir Heutigen können es kaum glauben: Das Papier des Reichspräsidenten, den Erlass zur Auflösung dieses frisch gewählten Parlaments, das hatte Kanzler von Papen bei dieser Sitzung bereits in der Tasche. Bevor von Papen das Papier zücken konnte, stellte schon ein kommunistischer Abgeordneter den Antrag, der Regierung desselben Herrn von Papen das Misstrauen auszusprechen. Konfusion. Tumult in Wilhelms erster Reichstags-Sitzung. Die Nationalsozialisten beschlossen, mit den Kommunisten zu stimmen, das Chaos war perfekt. Der kommunistische Antrag wurde mit überwältigender Mehrheit angenommen, Göring erklärte die Regierung für abgesetzt und das Dokument in der roten Mappe, das von Papen ihm auf den Tisch gelegt hatte, für ungültig – es sei ja von einem inzwischen abgesetzten Kanzler gegengezeichnet. Papen sah es umgekehrt: Die Abstimmung sei ungültig, da das Dekret schon zuvor auf Görings Platz gelegen habe. So schildert der Historiker Allan Bullock die Situation. Wie Wilhelm sie erlebt hat, wissen wir nicht.

Jedenfalls war dieser erste Reichstag, dem er angehörte, nun aufgelöst – nach einem halben Tag Sitzungszeit. Zwei Monate später, im November, stand der junge Abgeordnete abermals in Breslau zur Wahl. Er gewinnt seinen Wahlkreis erneut. Die Nazis verlieren – zum ersten Mal seit 1930 – Stimmen, bleiben mit 33,1 Prozent der Stimmen und 196 der 584 Sitze aber die stärkste Fraktion. Zugewinne verzeichnen die Kommunisten. Das Zentrum hat einen Stimmenanteil von 11,9 Prozent.

Die Zeit der Intrigen geht bekanntlich weiter. Kurt von Schleicher, der Mann, der beim Sturz Brünings als Reichskanzler im Hintergrund die Strippen gezogen hatte, wird am 3. Dezember Reichskanzler und bildet ein »Präsidialkabinett«. Am 6. Dezember 1932, einem Dienstag, tritt der neue Reichstag nachmittags um 3 Uhr 2 Minuten zusammen, wie das Protokoll festhält.

Ich stelle mir vor, wie meine neunjährige Mutter und ihre Geschwister sich am Morgen dieses Nikolaustages über ihre gefüllten Stiefel gefreut haben, bevor ihr Papa aus dem Haus ging.

Zuhause ging ja alles seinen Gang, während im Reichstag oft der Teufel los war. Dafür, dass der Alltag der Kinder die gewohnten Freuden bot, sorgte meine Großmutter. Man sang auch in diesem Jahr zahlreiche Adventslieder vor dem Kranz mit den brennenden Kerzen. Lieder voller Sehnsucht und Hoffnung. »Oh komm, oh komm, Emmanuel, nach dir sehnt sich Dein Israel.«

Am 7. und am 9. Dezember tagt das Parlament nochmals. Unruhige Sitzungen, denn vom Präsidium muss mehrfach um Mäßigung gebeten werden. Es geht um Verfahrensfragen, es werden Grundsatzreden zur Not der Bevölkerung und zur Härte der Notverordnungen gehalten, es kommt zu namentlichen Abstimmungen. Mit welchen Eindrücken kam Wilhelm von diesen Sitzungen nach Dahlem zurück? Was hat er zuhause davon erzählt? Im alten und zu Beginn des neuen Jahres gibt es dann keine Sitzungen mehr. Und schon am 2. Februar 1933, unmittelbar nach der »Machtergreifung« Hitlers, löst Hindenburg den Reichstag wiederum auf, die »Regierung des nationalen Zusammenhaltes«, die inzwischen gebildet wurde, soll nicht ohne den Rückhalt der Wählerschaft tätig werden.

Am 5. März darf und muss also wieder gewählt werden.

Brüning ist Spitzenkandidat des Zentrums, in den Geschichtsbüchern ist zu lesen, dass er in diesem Wahlkampf stärker als je zuvor »aus sich heraus gekommen« sei. Seine Reden sind scharf und mitreißend, er wettert gegen die Planlosigkeit der Wirtschaftspolitik, die Einschränkung der Meinungsfreiheit und die Erschütterung des Rechtsbewusstseins. Das Zentrum bekommt drei Mandate mehr als beim letzten Mal, 73 Abgeordnete ziehen für die Partei in das letzte Parlament der Weimarer Republik ein.

Zuvor, in der Nacht vom 27. zum 28. Februar hatte der Reichstag gebrannt: Vorwand für eine Notverordnung, die die wichtigsten Grundrechte der Verfassung außer Kraft setzt. Eine Wahlkampf-Rede von Altkanzler Brüning im Sportpalast in Berlin-Schöneberg darf nicht vom Rundfunk übertragen werden.

Der schwere Tag in Potsdam

Dienstag der 21. März: Wilhelm und seine Kollegen aus der Fraktion kleiden sich an diesem Morgen für einen Festakt an. In Potsdam findet ein Event statt, an dem auch die Reichstagsabgeordneten des Deutschen Zentrums teilnehmen: Der berühmte »Tag von Potsdam« soll die Eröffnung des neuen Reichtages in einen historischen Rahmen stellen. Hitler, der im Jahr zuvor noch gegen Hindenburg als Reichspräsident kandidiert hatte, verneigt sich nun vor dem ehemaligen Reichsfeldmarschall, hält im für eine solche Gelegenheit korrekten festlichen Gesellschaftsanzug, dem Cutaway, eine anrührende Lobesrede auf ihn, lässt sich durch den Handschlag des alten Herrn adeln.

Das alles in der Garnisonkirche, in der Friedrich der Große und sein Vater Friedrich Wilhelm I. begraben sind – und am Jahrestag der Eröffnung des ersten Reichstages des Deutschen Reiches durch Bismarck. Eine Zumutung für demokratische Politiker der Weimarer Republik. Kein Wunder, dass sich die Abgeordneten der SPD gegen eine Teilnahme entschieden haben. Heinrich Brüning berichtet in seinen Memoiren sehr glaubhaft davon, wie schwer ihm an diesem Tag der Weg nach Potsdam fiel. Ihm, der Hindenburg durch unermüdlichen Wahlkampf die Stimmen gemäßigter Wähler bis hin zur SPD eingebracht hatte. Gegen den Kommunisten Ernst Thälmann, aber auch gegen den Nationalsozialisten Adolf Hitler. Der nun mit Hindenburg zusammen im Mittelpunkt einer perfiden Inszenierung stand. Doch seine Fraktion hatte sich einen

Tag zuvor für eine geschlossene Teilnahme an dem Event entschieden.

Mit Autobussen werden die Parlamentarier morgens am Portal des Reichstags abgeholt. Und schon jetzt, am frühen Morgen, passiert etwas, das Brüning und seine Mitstreiter als unverzeihlich ansehen müssen: Vor der Abfahrt werden die Zentrums-Politiker, anders als die Abgeordneten der liberalen DVP und der nationalliberalen DNVP, von Kriminalbeamten auf Waffen durchsucht. Sie protestieren sofort telefonisch im preußischen Innenministerium gegen die Beleidigung, die daraufhin als Missverständnis verharmlost wird. Einer der Zentrums-Abgeordneten weigert sich dennoch, mit nach Potsdam zu fahren. Die Stimmung der restlichen 72 Zentrumsabgeordneten in den Bussen dürfte denkbar schlecht zu einem Sonntagsausflug gepasst haben.

Drei Potsdamer Kirchen spielten an diesem Tag eine wichtige Rolle: In der Garnisonkirche – über deren Wiederaufbau genau aus diesem Grund heute gestritten wird – fand der Staatsakt mit dem berühmten Handschlag zwischen Hindenburg und Hitler statt. Wie gut konnte Wilhelm von seinem Platz im Kirchenschiff aus den 86-jährigen Reichspräsidenten sehen, der eine kurze Rede vom

Blatt ablas? Darin er den Geist der altehrwürdigen Stätte beschwor, der die Politiker seiner Zeit vor Selbstsucht und Parteihader schützen möge? Wie gut sah er den Reichskanzler, der die »Vermählung« zwischen den Symbolen »der alten Größe und der jungen Kraft« beschwor und den alten Herrn nach Brünings Beobachtung damit zu Tränen rührte? Wohin sollten die Teilnehmer, die dieser Inszenierung nicht verfielen, mit ihren Gefühlen? Woran konnten sie sich halten, um nicht zu verzweifeln – auch angesichts der Tatsache, dass Millionen im ganzen Land das Spektakel an Radioapparaten und von öffentlichen Lautsprechern aus verfolgten?

Vor dem Festakt hatten sich die Abgeordneten des Deutschen Zentrums zu Messe und Gebet versammelt, in der Kirche Sankt Peter und Paul. »Elf Uhr gemeinsamer Gottesdienst«, ist im Protokoll der Fraktionssitzung vom Vortag zu lesen. Das Levitenamt begann dann schon um 10.30, wie das Protokoll des Reichstages vermerkt, es endete mit einem »Veni Creator Spiritus«.

Ich habe meinen Enkelinnen, die bis vor Kurzem in der Nachbarschaft wohnten, diese katholische Kirche auf dem Potsdamer Bassinplatz mit einem ganz besonders beklommenen

Ein Levitenamt ist übrigens eine besonders feierliche (»levitierte«, also erhobene) Heilige Messe, ein Hochamt, bei welchem dem zelebrierenden Priester ein Diakon und ein Subdiakon assistieren. Die katholischen Abgeordneten wollten offensichtlich zum »Tag von Potsdam« ihre eigene Vorstellung von Festlichkeit beitragen, dem Tag ihre Farbe mitgeben. Dass auch katholische NSDAP-Abgeordnete an der Messe teilnahmen, konnten sie nicht verhindern.

Die evangelischen Reichstagsabgeordneten trafen sich zu ihrem Gottesdienst in der Nicolaikirche, die jeder heutige Besucher des Museums Barberini gegenüber auf dem Alten Markt in vollem Glanz erblicken kann. Schon um 12 Uhr begann anschließend der Staatsakt in der Garnisonkirche.

Er leitete schwere Tage ein. Noch am selben Abend fand die erste Sitzung des neuen Reichstages statt. Hitler hatte sich umgezogen: Er hatte den bürgerlich-festlichen »Cut« inzwischen abgelegt und nahm im Braunhemd teil. Reichstagspräsident Hermann Göring sprach kurz und knapp. Er sagte einen furchtbaren Satz: »Nun ist Weimar überwunden.« Ein Fackelzug durch das Brandenburger Tor und die Aufführung der »Meistersinger von Nürnberg« unter dem Dirigat von Wilhelm Furtwängler um 19 Uhr in der Staatsoper bildeten den Abschluss dieses Festtages, der seinerseits eine Epoche abschließen sollte.

Das »Ungeheuerlichste«

Hitler und seine Koalition brauchen das Zentrum. Nur mit den Stimmen der Fraktion, in der auch Wilhelm sitzt, können sie ein Gesetz durchbringen, das einen fundamentalen Eingriff in die Verfassung bedeutet: Das Ermächtigungsgesetz. Zwei Drittel der Stimmen werden gebraucht. Das gibt den Abgeordneten des Deutschen Zentrums Bedeutung, sie können Bedingungen stellen, sie verhandeln. Der Fraktionsvorsitzende, Prälat Ludwig Kaas, und zwei seiner Kollegen haben schon am 20. März, einen Tag vor Potsdam, mit Hitler gesprochen. Der hat ihnen versichert, dass er die Vollmachten nur brauche, um kommunistische Umsturzbestrebungen zu verhindern. Die Zentrums-Leute fordern, ein kleines Gremium ihrer Partei müsse im Fall der Annahme des Gesetzes fortlaufend über alle geplanten Maßnahmen unterrichtet werden. Das Gesetz dürfe außerdem nur für einen beschränkten Zeitraum gelten, nicht für ganze vier Jahre, wie von den Nationalsozialisten vorgesehen. Außerdem müsse der Reichspräsident seine Rechte bei der Gesetzgebung behalten, Zentrums-Beamte dürften nicht ihre Funktionen verlieren, insbesondere dürften Richter nicht abgesetzt werden. Und es dürften die Rechte der konfessionellen Bildungseinrichtungen nicht eingeschränkt werden – überhaupt sollten Fragen der Kulturpolitik nicht unter das Gesetz fallen. Hitler vereinbart mit Kaas, dass dessen Leute die Forderungen schriftlich formulieren sollen. Das geschieht, der Katalog geht am Abend des 22. März an den Reichskanzler. Derweil versucht Ex-Reichskanzler Heinrich Brüning, sich mit der rechtsstehenden Deutschnationalen Volkspartei des Medienunternehmers Hugenberg auf ein gemeinsames Vorgehen bei der entscheidenden Sitzung des Reichstags zu einigen: Man könnte einen Zusatzvertrag einbringen, der die politischen Freiheiten sichert.

Daraus kann nichts werden: Bei den Deutschnationalen berät man bereits darüber, dass es klug sein könnte, die eigene Partei aufzulösen und geschlossen zur NSDAP überzutreten. Ob ein gemeinsamer Vorstoß der beiden Parteien etwas gebracht hätte? Reichstagspräsident Hermann Göring hatte schon Anfang März deutlich rauhere Töne angeschlagen und gedroht, man werde alle Zentrums-Beamten entlassen, falls die Partei dem Ermächtigungsgesetz nicht zustimme. Wie ernst das gemeint war, zeigte die Entlassung eines prominenten Amtsträgers am 13. März: An diesem Tag hatte der beliebte Oberbürgermeister von Köln sein Amt verloren – Dr. Konrad Adenauer.

Am 22. März fragt der Historiker Friedrich Meinecke einen Zentrumsabgeordneten, ob er am nächsten Tag gegen das Gesetz stimmen werde. »Er zuckte die Achseln und erwiderte: ›Dann wird's ja noch schlimmer‹.« Meinecke nennt (in seinem Buch »Die deutsche Katastrophe« von 1946) den Namen des »ihm bekannten« Parlamentariers nicht. Es könnte Wilhelm gewesen sein, denke ich beim Lesen.

Abstimmung zur Probe, Abschied im Ernst

Schlimmer aber konnte es doch wohl nicht werden. Nur: Konnte man damals schon so »schlau« sein, wie wir es heute zu sein glauben? Am Vormittag des 23. März trifft sich jedenfalls die gesamte Reichstags-Fraktion der Deutschen Zentrumspartei im – vom Brand am 27. Februar nur teilweise zerstörten – Reichstagsgebäude. Fraktionsführer Kaas erklärt die Lage: Hindenburg wird nichts gegen das geplante Gesetz unternehmen, von den Deutschnationalen ist ebenfalls keine Unterstützung zu erwarten. Stimme seine Fraktion gegen das Gesetz, dann könne das die Lage durchaus verschlimmern, so meint auch er – für das Zentrum und für das Land. Aber auf die Zusagen der Nazis für den Fall der Zustimmung könne man sich doch überhaupt nicht verlassen, gibt Brüning zu bedenken.

Das Protokoll der Sitzung dokumentiert auch für uns Heutige die verzweifelte Situation, in der sich die 73 Abgeordneten befanden. Dieses Ermächtigungsgesetz sei »das Ungeheuerlichste, was je von einem Parlament gefordert worden wäre«, sagt Brüning zu seinen Kollegen. Er könne sich »kaum für ein Ja entscheiden, selbst wenn man anerkenne, dass man eine moralische Verantwortung für eine Zustimmung nicht trage«. Dann geht es geschlossen hinüber in ein anderes Gebäude, die »Krolloper«. Denn der Plenarsaal des Reichstages ist nach dem Brand nicht benutzbar.

Da sitzen sie nun, in einem ehemaligen Opernhaus. Unter der abgesenkten Decke, die die heiteren Szenen der

Stukkatur des Theatersaales verdeckt. Es ist eine ernste Stunde, und die Reihen der Parlamentarier sind gelichtet: Sämtliche Reichstagsabgeordnete aus der kommunistischen Partei waren ja verhaftet, geflüchtet, untergetaucht, 26 Sozialdemokraten fehlten aus denselben Gründen. Sie alle wurden für die Abstimmung jedoch nicht als fehlend gezählt.

Hitler gibt seine Regierungserklärung ab. Sie wird als moderat beschrieben, dauert eine Stunde. Der Reichskanzler macht sich darin die Forderungen, die das Zentrum ihm am Tag zuvor schriftlich übergeben hat, teilweise wörtlich zu Eigen. Der SPD-Abgeordnete Wilhelm Hoegner berichtet später, Hitler habe »mit überraschend ruhiger Stimme« vorgetragen. »Nur an wenigen Stellen steigerte er sie zu fanatischer Wildheit«. Etwa, als es um die Hinrichtung des Niederländers van der Lubbe wegen des ihm zur Last gelegten Reichstagsbrandes ging.

In der Pause nach dieser Regierungserklärung spricht der SPD-Abgeordnete Hoegner mit dem Zentrumspolitiker und Ex-Kanzler Josef Wirth. Der habe »verbittert« gesagt, in seiner Fraktion gehe es nur noch darum »ob man Hitler auch noch den Strick liefern solle, an dem man gehängt würde«, berichtet er später.

Wirth und seine Kollegen setzen die Fraktionssitzung in der Pause nach der Hitler-Rede fort. Die Abstimmung wird abends folgen. Zunächst einmal wird weiter heftig diskutiert und gestritten. Zeitzeugen berichten, dass einige Abgeordnete dabei Tränen in den Augen haben.

Der Fraktionsvorsitzende schlägt schließlich eine Probeabstimmung vor. Die Abgeordnete Clara Siebert sollte später lapidar formulieren, dass sich aus ihr »kein einmütiges Votum der Fraktion« ergeben habe.

Die Abstimmung der Fraktion an diesem Nachmittag des 22. März 1933 war geheim, wir kennen nur das Ergebnis: 57 Abgeordnete stimmten für eine Annahme des Gesetzes, neun dagegen, fünf enthielten sich. Wir wissen aus ihren Berichten, dass wichtige Abgeordnete dagegen stimmten, namentlich Brüning, Wirth, Stegerwald, die Sozialpolitikerin Helene Weber und der Frankfurter Radiologe Friedrich Dessauer. Doch wir wissen nicht, wie Wilhelm

Fonk stimmte. Keine Dokumente, keine Überlieferungen zu der Frage, wie mein Großvater in dieser Probeabstimmung votiert hat.

Sicher ist, dass man sich am Ende »aus Rücksicht auf die Partei und ihre Zukunft« einigte, im Plenum anschließend geschlossen für das Gesetz zu stimmen. Was alle anwesenden 72 Abgeordneten des Zentrums anschließend taten: Fraktionsdisziplin.

Die Deutsche Zentrumspartei als Zünglein an der Waage: Wie fühlte sich mein Großvater? Es ist unmöglich, sich in ihn und seine Parteifreunde »hineinzuversetzen«.

Und doch kann ich nicht anders, als genau das zu versuchen. Das »Gesetz zur Behebung der Not von Volk und Reich« war Unrecht. Eine Missachtung des geltenden Rechts. Und damit der ganzen Weimarer Republik, in der Wilhelm zum Politiker geworden war.

Die Reichsregierung sollte nun nicht nur Verordnungen, sondern auch Gesetze beschließen können. Wahrscheinlich eher: Hitler allein. Draußen Terror, drinnen Angst, das Bannmeilengesetz außer Kraft, SA vor der Kroll-Oper, SS im Plenum. Vom Zentrum hing alles ab. Tränen von Männern in der Fraktionssitzung, der standhafte Heinrich Brüning, mit dem

Wilhelm so eng zusammengearbeitet hatte. Er sagt klar, dass er sich zu einem Ja kaum durchringen könne, er warnt vor dem Rechtsbruch. Eine Zerreißprobe.

Könnte man – andererseits - nicht das Schlimmste verhindern, wenn man doch zustimmte? Ein wenig Einfluss behalten? Hitler hatte das in Aussicht gestellt. Der Fraktionsvorsitzende, Prälat Kaas, argumentiert in diese Richtung. Aber was konnte man auf das Wort dieses ungehobelten Möchtegerns und Machtmenschen Hitler geben? Selbst Kaas fand ja die Entscheidung »schwerer als die über den Versailler Vertrag«. Und dann wieder: Was sollte aus der Familie werden, wenn es einem erginge wie den aufrechten Sozialdemokraten? Ja, Chapeau, Hut ab vor ihnen, auch wenn viele von ihnen keine Hüte trugen.

Druck, schier unerträglicher Druck. Wilhelm, so stelle ich mir vor, wird auch gebetet haben. Welchen Rat hast du für Deine Gläubigen, mein Gott? Dafür stehen wir doch, als Katholiken, die im Kaiserreich nicht gerade hofiert wurden. Wir haben die Stimmen all dieser Menschen bekommen, von kleinen und großen Leuten, müssen nun mit einer Stimme sprechen, müssen jetzt gleich votieren. Die Gewalt auf den Straßen eindämmen, einen drohenden Bürgerkrieg verhindern: Wenn unsere Stimmen das bewirken können, müssen wir Ja sagen

zu diesem vermaledeiten Ermächtigungsgesetz. So könnte mein
Großvater gedacht haben.

Mit ziemlicher Sicherheit hat ihm und seinen Fraktions-
kollegen aber die mutige Rede des SPD-Vorsitzenden Otto
Wels imponiert. »Kein Ermächtigungsgesetz gibt Ihnen
die Macht, Ideen, die ewig und unzerstörbar sind, zu ver-
nichten.« Da hängt bereits die Hakenkreuzfahne statt der
schwarz-rot-goldenen der Republik an der Stirnseite des
Sitzungssaals.

*Wie mutig die Sozialdemokraten waren, als einzige Partei ge-
gen diese Zumutung von einem Gesetz zu stimmen! Ich muss
gestehen: Mir wäre wohler, wenn mein Großvater – wenigstens
an diesem Tag – Mitglied der SPD-Fraktion gewesen wäre.*

Doch möglicherweise waren auch die Rollen verteilt: Der
Sozialdemokrat Otto Wels soll sich nach der Sitzung bei
einem Zentrums-Abgeordneten dafür bedankt haben, dass
dessen Partei nicht gegen das Gesetz stimmte. »Sonst wären
wir dort nicht mehr lebend herausgekommen«, soll er gesagt haben, das berichtet die Historikerin Hedwig Richter.

»Die Angst grassierte«, so beschreibt sie diesen 23. März 1933. Längst wurde das Recht missachtet, allein mit der Verhaftung kommunistischer uns sozialdemokratischer Parlamentarier. Joseph Wirth, der Zentrumsabgeordnete, der in der Fraktionssitzung weinte, floh schon am nächsten Tag ins Ausland.

Für vier Jahre soll das Ermächtigungsgesetz nun also gelten. Auf eine Verkürzung hat sich Hitler nicht eingelassen. Andererseits hat er in seiner Regierungserklärung vor dem Plenum des Reichtags versichert, zahlreiche andere Forderungen des Zentrums zu berücksichtigen: Die Konkordate der Länder sollen weiterhin gelten, der christliche Einfluss auf die Schulen gesichert bleiben, die Rechte des Reichspräsidenten Bestand haben. Der Reichskanzler hat sich im Parlament ja ausgesprochen zahm gegeben, er bekam vom Zentrum Bravo-Rufe dafür, dass er die Absicht erklärt, »die freundschaftlichen Beziehungen zum Heiligen Stuhle weiter zu pflegen«.

Die Tage der Zentrums-Abgeordneten im Parlament sollten aber bald gezählt sein. Der französische Künstler Christian Boltanski, Jahrgang 1944, hat auch Wilhelm in seiner Installation »Archiv der Deutschen Abgeordneten« von 1999 ein Kästchen gewidmet. Fast 5000 solcher Metall-

kästen mit Aufklebern umfasst seine Sammlung im Untergeschoss des Reichstagsgebäudes. Alle tragen Namen von Parlamentariern und Parlamentarierinnen, die demokratisch gewählt wurden, ob nun für die Verfassungsgebende Deutsche Nationalversammlung von 1919/20, in den Deutschen Reichstag oder in den Deutschen Bundestag. Den »années noires« von Ende 1933 bis 1945 ist eine einzelne schwarze Box gewidmet, die Kästen der ermordeten Abgeordneten tragen Trauerflor. Von weitem wirken die Kästchen in dem schwach beleuchteten Raum wie eine Ziegelmauer. Dank der schönen Kunstführung meiner Cousine Bibiana konnte ich sie aber von Nahem betrachten.

Dreimal wird Wilhelm im Frühjahr zusammen mit drei Kollegen zur Konsultation mit Reichskanzler Adolf Hitler gebeten. Ganze drei Male. Er ist Mitglied im »Arbeitsausschuss in der Reichskanzlei«, den Hitler dem Zentrum für seine Zustimmung zum Ermächtigungsgesetz versprochen hatte. Sie sollen so Gelegenheit bekommen, frühzeitig ihre

Meinung zu Gesetzesvorhaben darzulegen. Über die Sitzung am 31. März 1933 wissen wir, dass Wilhelm, der Generalsekretär der Handels- und Industriebeiräte, und seine Kollegen Ludwig Kaas, Adam Stegerwald und August Wegmann die Zukunft der Beamten auf die Tagesordnung gesetzt hatten. Sie machten sich Sorgen darüber, wie es mit denjenigen Staatsdienern weitergehen würde, die nicht in die NSDAP eintreten wollten, wie der Historiker Rudolf Morsey berichtet. Spitzenbeamte, die das nicht taten, wurden zu diesem Zeitpunkt bereits aus dem Amt gedrängt. Man musste das allerdings »begründen«, indem man ihnen Versäumnisse der Amtspflichten vorwarf. Schon am 7. April wurde solche Rücksicht unnötig. Nun genügte es, wenn man einem Beamten vorwerfen konnte, nicht genug für den »nationalen Staat« einzutreten. Das »Gesetz zur Wiederherstellung des Berufsbeamtentums« sagte zudem klipp und klar, dass man Arier sein müsse, um Beamter bleiben zu können. Die »Konsultationen«, die Hitler Wilhelm Fonk und seinen Zentrums-Kollegen gewährte, waren völlig fruchtlos geblieben.

Einiges ging nun Schlag auf Schlag: Schon am 31. März hatte der fränkische Gauleiter Julius Streicher zum Boykott jüdischer Geschäfte aufgerufen, am selben Tag wurden die

Länder »gleichgeschaltet«, am 21. April traf es die Gewerkschaften.

Und dann? Am 5. Juli löste sich, als letzte der demokratischen Parteien, die Deutsche Zentrumspartei auf. Einen Tag nachdem die Schwesterpartei, die Bayerische Volkspartei, sich nach einer Massenverhaftung von Abgeordneten und Funktionären zu diesem Schritt entschlossen hatte. Am 14. Juli 1933 verkündete die Regierung dann ein »Gesetz gegen die Neubildung von Parteien«. Wer eine neue Partei gründen wollte, konnte fortan mit Zuchthaus bis zu drei Jahren bestraft werden.

Genau eine Woche nach der erzwungenen »Selbstauflösung« der Partei, für die mein Großvater in den Deutschen Reichstag als Abgeordneter gewählt worden war, gab es den zehnten Geburtstag seiner ältesten Tochter zu feiern. Das Wetter war an diesem Sommertag schlecht, wie Aufzeichnungen der meteorologischen Station in Dahlem belegen. Auch die Stimmung des Familienvaters muss trüb gewesen sein. Wie sollte es weitergehen?

Das Zentrum war aufgelöst, eine Reichstagsneuwahl stand für den 12. November an, die die Abgeordneten von Wilhelms Partei aber eigentlich nichts mehr anging. In Rudolf

Morseys klugem Buch mit dem programmatischen Titel
»Der Untergang des politischen Katholizismus« ist allerdings
etwas Erstaunliches zu lesen: Führende Zentrums-Politiker
bemühten sich, für diese zukünftige Legislaturperiode eine
Gruppe von bisherigen Zentrums-Abgeordneten als »Hospitanten« in der Fraktion der NSDAP unterzubringen. Als
Hospitanten »der« Partei! Unter den 27 dafür vorgeschla-
genen Abgeordneten war, wie Morsey in einer Anmerkung
schreibt, auch Wilhelm Fonk.

*Ich lese, dass dieser Vorstoß scheiterte. Und ich lese weiter, dass
es im Anschluss an dieses Scheitern »einzelne Abgeordnete« gab,
die einen weiteren Vorstoß unternahmen und nun »von sich
aus darauf drängten, aus Sorge ›um die Existenz und Zukunft‹
ihrer Familie als Hospitanten in die NSDAP-Fraktion über-
nommen zu werden«. Ob Wilhelm unter ihnen war, weiß ich
nicht. Sorge um seine Familie muss mein Großvater zu diesem
Zeitpunkt aber durchaus gehabt haben. Zur »Zukunft« dieser
Familie gehöre auch ich. Ich bin erleichtert, dass Hitler und
seine Partei es zu diesem Zeitpunkt nicht mehr nötig hatten,
der katholischen Partei, der mein Großvater angehörte, Kon-
zessionen zu machen.*

Katholiken, Erster Teil

Der Zentrumspolitiker und abgesetzte Kölner Oberbürgermeister Dr. Konrad Adenauer war nicht der einzige Katho-
lik, der kein Blatt vor den Mund nahm. Der Münsteraner
Bischof Clemens von Galen, der zuvor als junger Pfarrer in
Berlin-Schöneberg in der Pfarrei Sankt Matthias am Win-
terfeldtplatz tätig gewesen war, prangerte in seinen Predigten deutlich die Aktion »T4« an. Unter diesem Deck-
namen, gewählt nach der Berliner Tiergartenstraße 4, lief
die Vernichtung »unwerten Lebens«, also der massenhafte
Mord an Menschen mit Behinderungen und psychischen
Erkrankungen. Am 3. August 1941 hielt der Bischof von
der Kanzel im Dom eine Predigt, die die Briten später auf
Flugblätter druckten und über deutschen Städten abwer-
fen ließen.

Frage man nach den Wahlerfolgen Hitlers ab 1932, so
gebe es eine »einzig lohnende Frage«, behauptet der bri-
tische Historiker James Hawes. Nämlich die Frage: Wie
groß war der Anteil der Protestanten, wie groß der Anteil
der Katholiken im jeweiligen Wahlkreis? In Landesteilen
mit überwiegend protestantischer Bevölkerung hatte die
NSDAP deutlich höhere Stimmenanteile. »Hätte ganz

Deutschland wie das Rheinland, Schwaben und Bayern gewählt, wäre Hitler niemals Kanzler und schon gar nicht Diktator geworden«, gibt Hawes zu bedenken.

Ich lebe mit dem Gedanken, dass das Katholisch-Sein für die Mitglieder meiner Familie in dieser Zeit einen Schutz bedeutete. Einen Schutz vor Konformität, vor einer unbarmherzigen, grausamen, bornierten und in sich widersprüchlichen Weltanschauung. Ich halte das Katholische dafür hoch. (Und vergesse beim Blick auf DIESEN Zusammenhang kurzzeitig die Zumutungen, die die Dogmatik der Kirche für ihre Mitglieder bereit hielt und weiterhin bereit hält.)

Wirkte der katholische Glaube, wirkte das »Praktizieren« wie eine Schutzimpfung? Was genau befand sich dann in dieser Vakzine? Und warum wirkte sie nicht zuverlässig? Welche Rolle spielte die Erfahrung mit dem berühmten »Kulturkampf« Ende des 19. Jahrhunderts? Damals hatte Bismarck schließlich den Einfluss der katholischen Kirche auf das frisch gegründete Deutsche Reich energisch zurückgedrängt. Katholische Schulen verloren ihre Eigenständigkeit, Priestern wurde untersagt, sich politisch zu engagieren. Man galt als oppositions-verdächtig, wenn man katholisch war, man fühlte sich benachteiligt, man ging zumindest tendenziell auf Distanz zum Staat. Und das Deutsche Zentrum wurde gegründet, eine Partei, in der sich Katholiken sammelten. Zu deren Wahl vielfach Pfarrer von der Kanzel aus aufriefen.

In der Weimarer Republik war sie eine starke Partei, bildete zusammen mit den Sozialdemokraten die demokratische, friedliche, maßvolle und konstruktive Mitte. Es gibt Grund für die Annahme, dass auch der Glaube an einen Sozialismus mit menschlichem Antlitz, wie die SPD ihn pflegte, einen starken Immunschutz gegen die Nazi-Ideologie verleiht. Einen stärkeren als der christ-katholische Glaube? Die Abgeordneten der SPD stimmten dem Ermächtigungsgesetz im Unterschied zu denen des Deutschen Zentrums nicht zu. »Tapfer« nennt sie Historiker Hawes. Aber er hat Verständnis für die Zentrums-Abgeordneten, für die Fraktion, in der Wilhelm saß. »Die Zentrumspartei kam nach quälenden Diskussionen zu dem Schluss, dass Deutschlands Katholiken im Falle eines Widerspruchs gegen Hitlers Mehrheit von 51,9 Prozent wieder als Volksverräter gebrandmarkt würden und einen neuen *Kulturkampf* durchleben müssten.«

Stattdessen winkte ein »Konkordat«, das ihre Rechte

schützen sollte, also eine formelle Übereinkunft zwischen dem Vatikan in Rom und der Regierung in Berlin. Inzwischen ist sich die zeitgeschichtliche Forschung aber einig, dass dieses erhoffte Konkordat nicht der Grund für die Zustimmung der Zentrumsabgeordneten war. Sicher spielten Hitlers Zusicherungen eine Rolle. Man hielt es aber auch für recht wahrscheinlich, dass diese Regierung bald scheitern werde, man hoffte auf den Reichspräsidenten, fürchtete andererseits aber auch einen echten, offenen Staatsstreich, man hatte sich schließlich schon während der Abstimmung von den bewaffneten Posten der SA und der SS draußen und im Plenarsaal bedroht gefühlt.

Dr. Heinrich Brüning, als ehemaliger Reichskanzler wohl der prominenteste Zentrumspolitiker, hat im Frühsommer 1934 Deutschland verlassen. Der Junggeselle, der lange Zeit im St. Hedwig-Krankenhaus gewohnt hatte, war dort schon im Herbst 1933 ausgezogen, um die Ordensschwestern, die ihn umsorgt hatten, nicht in Gefahr zu bringen. Er hatte sich, jeweils nur für wenige Tage, in wechselnden Wohnungen mutiger Gleichgesinnter versteckt. Als er ging, war er von der Konformität der Mehrheit der Bischöfe enttäuscht.

Katholisch zu sein war nämlich eine Impfung, die nicht zuverlässig wirkte. Schon Ende März 1933, kurz nach dem

Ermächtigungsgesetz, hatte die Fuldaer Bischofkonferenz in einer Erklärung das Kirchenvolk »zur Treue gegenüber der rechtmäßigen Obrigkeit und zur gewissenhaften Erfüllung staatsbürgerlicher Pflichten« aufgerufen. Wurde Ruhe von der ersten Bürgerpflicht nun auch zur ersten Christenpflicht?

Die Kündigung

Am 8. August 1933 bekommt Wilhelm einen Brief vom engeren Vorstand der Handels- und Industriebeiräte der Deutschen Zentrumspartei. Die drei Herren haben eine schwere Aufgabe: Man kann eigentlich nicht sagen, dass sie Herrn Dr. Fonk kündigen. Er hat schließlich gerade selbst »die Liquidation seiner Geschäfte beendet und das Büro geschlossen«. Es gibt das Zentrum nicht mehr. Es gibt folglich auch die Handels- und Industriebeiräte der Partei nicht mehr. Die drei Herren schreiben Wilhelm einen Abschiedsbrief. Sie loben ihn in höchsten Tönen, von hingebungsvoller und erfolgreicher Tätigkeit ist die Rede, davon, dass ohne seine unermüdliche und geschickte Arbeit der Beirat sich in den letzten zehn Jahren nicht derart erfolgreich hätte entwickeln können. Man dankt Wilhelm, man spricht davon, dass er mit Befriedigung und berechtigtem Stolz auf seine Arbeit zurückblicken könne, man wünscht ihm alles erdenklich Gute. Und man zeigt sich überzeugt, dass er angesichts seiner »weitesten Kreisen bekannten Fähigkeiten« bald wieder ein Arbeitsfeld finden werde, das ihm zusage. Der Brief, der da von der Brückenallee aus in die Löhleinstraße geht, gleicht einer Lobeshymne. Und er klingt doch recht verzagt.

Brasilien?

Was nun? Wie sollte die Familie ernährt werden? Wilhelm hatte seine Stelle verloren, musste aus dem Diensthaus ausziehen, seine Partei existierte nicht mehr, er konnte nicht mehr Abgeordneter sein. Ich hörte davon, dass es den Gedanken gab, Deutschland zu verlassen. Woanders neu anzufangen. Nach Brasilien zu gehen, wo zwischen 1933 und 1945 16 000 Flüchtlinge aus Deutschland und Österreich lebten, unter ihnen der Schriftsteller Stefan Zweig. Aber auch Johannes Schauff, Wilhelms sechs Jahre jüngerer Reichstags-Kollege und persönlicher Freund. Der mit dem

HANDELS- UND INDUSTRIE-BEIRÄTE DER DEUTSCHEN ZENTRUMSPARTEI

Telegramm-Adresse: Industriebeirat Berlin
Postscheckkonto: Berlin Nr. 46711
Fernsprecher: C 9 Tiergarten 7641

BERLIN NW 87, den 8. August 1933
Brückenallee 24, I

Der Vorsitzende

Herrn

Dr. F o n k ,

B e r l i n - Dahlem

Löhleinstr. 15

Sehr geehrter Herr Dr. Fonk!

Die Entwicklung der politischen Verhältnisse in Deutschland hat es mit sbh gebracht, dass der Handels- und Industrie-
Beirat der Deutschen Zentrumspartei sich auflöste. Wie Sie berichten, ist inzwischen auch die Liquidation Ihrer Geschäfte beendet
und das Büro geschlossen.

Damit nimmt für Sie eine Arbeit ihr Ende, der Sie mehr als
ein Jahrzehnt in aufbauender, hingebungsvoller und erfolgreicher
Tätigkeit gedient haben. Dass der Handels- und Industrie-Beirat
sich im Laufe der Jahre so erfolgreich entwickeln konnte und
dass er bei seinen Mitgliedern so gutes Ansehen genoss, war in
erster Linie auf Ihre unermüdliche und so geschickte Arbeit
zurückzuführen. Wir glauben, dass alle Mitglieder des Beirats
sich unserem aufrichtigen und herzlichen Dank, den wir als Mitglieder des engeren Vorstandes Ihnen namens der Gesamtorganisa-
tion aussprechen, aus vollem Herzen anschliessen werden.

Sie können mit Befriedigung und berechtigtem Stolz auf
die vergangenen 10 Jahre Ihrer Arbeit zurückblicken. Unsere
aufrichtigsten und besten Wünsche begleiten Sie auf Ihrem ferneren
Lebenswege. Wir sind überzeugt davon, dass Sie bei Ihren weitesten Kreisen bekannten Fähigkeiten bald wieder ein Ihnen zusagen-
des Arbeitsfeld finden werden. Wir wünschen Ihnen mit einem
herzlichen Glückauf vollsten Erfolg!

Mit herzlichen Grüssen

Ihre

dort schon ansässigen Zentrums-Mann Friedrich Wilhelm Lübke befreundet war, dem älteren Bruder des späteren Bundespräsidenten Heinrich Lübke.

Johannes Schauff und seine Frau Karin müssen couragierte Menschen gewesen sein. Sie bauten sich mit ihrer wachsenden Familie in Brasilien eine neue Existenz als Kaffeeplantagenbesitzer auf, kamen später aber zurück nach Europa. Schon bevor sie mit ihrer Familie nach Brasilien gingen, hatten sie sich um die Ansiedlung anderer Regimegegner aus Deutschland in Südamerika gekümmert.

Johannes, der gute Geschäftsmann, wurde in der Nachkriegszeit ein wichtiger inoffizieller politischer Ratgeber. Und die Freunde trafen sich in verschiedenen Gremien wieder. Durch Johannes Schauff kam mein Großvater zu Beginn der 60er Jahre in einen Kreis, der sich mit der Stellung der Katholiken im Weimarer Staat beschäftigte. Auch der ehemalige Zentrums-Politiker und zeitweilige CDU-Minister Heinrich Krone und die ehemalige Zentrums-Abgeordnete Helene Weber waren dabei. Daraus wurde eine »Kommission für Zeitgeschichte e. V. bei der Katholischen Akademie in Bayern«. Wilhelm war zeitweise Vorsitzender von deren Kuratorium.

Doch zurück in die Zeit direkt nach dem Verlust des

Reichstagsmandats und der beruflichen Stellung. Keiner
weiß mehr, wie konkret damals Wilhelms Pläne waren, das
Land zu verlassen. Es kam auf jeden Fall anders. Höchst-
wahrscheinlich haben Wilhelm seine guten Kontakte zu
Leuten aus der Wirtschaft geholfen. Denn er fand eine
Stelle. Leicht war das nicht für einen, der für das Zentrum
im Reichstag gesessen hatte und keine Anstalten machte,
die Partei zu wechseln.

»Es gibt keinen Grund, warum ein Arbeiter nicht mit einem
gutgeschnittenen Anzug, Arm in Arm mit seiner Frau, die farbige,
modische Kleider trägt, herumlaufen soll. Wir werden den
Lebensstandard erhöhen und den Konsum demokratisieren.«
SALMAN SCHOCKEN,
WARENHAUSBESITZER, VERLEGER, MÄZEN

4

Zwickau, Schocken, Großkaufmann

Was in den folgenden Jahren geschah, weiß ich zum guten Teil aus dem Tagebuch meiner Großmutter. Omama schrieb es für ihren Mann, als jährliche Weihnachtsgabe.

»Marianne ist in Dahlem bei den Ursulinen geblieben. Es ist eine große Lücke in unserer Kinderwelt.« Das schreibt sie im Januar 1935. Die Familie ist nach Zwickau umgezogen. Auch Wilhelm sagt, dass ihm seine Älteste fehlt – meine spätere Mutter. Er ist schon vor Hedwig und den jüngeren Kindern in der sächsischen Stadt eingetroffen, die in den folgenden Jahren die Heimat der Familie Fonk werden soll.

Wilhelm hat dort eine neue Aufgabe gefunden. Er arbeitet nun in einem Kaufhauskonzern. Sein Beruf wird mit »Großkaufmann« beschrieben, seine Funktionen und Aufgaben sind vielfältig. Man kann das im Buch »Ein Konzern aus Sachsen« nachlesen.

»Bereits zum 1. Juni 1934 hatte Salman Schocken mit der Berufung von Dr. Wilhelm Fonk, der im Schocken-Konzern das Ressort Verwaltung sowie die Repräsentanz des Unternehmens gegenüber den Behörden übernahm, womit er eine seit der nationalsozialistischen Machtübernahme außerordentlich wichtig gewordene Position besetzte, einen außergewöhnlich fähigen Mitarbeiter gewonnen, abgesehen davon, dass nicht zu befürchten stand, ihn als Arier über kurz oder lang von seinen Diensten entbinden zu müssen, was bei seinen jüdischen Mitarbeitern immer häufiger der Fall war mit den daraus erwachsenden nachteiligen Konsequenzen für das Unternehmen.« Ein Bandwurmsatz des Wirtschaftshistorikers Konrad Fuchs. Ein Satz, der es in sich hat. In einer anderen Quelle, einem Zeitungsartikel des israelischen Schriftstellers Amos Elon, lese ich über meinen Großvater: »Es fand sich auch ein »arischer« Direktor«, der sich als anständiger Mann erweisen sollte«.

In ihrem Buch »Opa war kein Nazi« haben sich der Soziopsychologe Harald Welzer und seine Kolleginnen schon vor etlichen Jahren damit beschäftigt, dass in zahlreichen deutschen Familien die eigenen Verwandten von der »Vergangenheitsbewältigung« ausgenommen werden: Alle anderen schon, aber die eigenen Opas, Onkel und Tanten können nicht in der Partei gewesen sein, sie können keine Zwangsarbeiter beschäftigt, sie können im Krieg keine Menschen getötet oder gar in einem KZ gearbeitet haben. Hier streikt das Familiengedächtnis. Denn man liebte sie doch.

Ich war schockiert, als ich gelesen habe, was mein Großvater vom Ost-Feldzug im Ersten Weltkrieg schrieb. Er war dabei, als Menschen aus einem verfeindeten Land getötet wurden, er hat wahrscheinlich selbst getötet. Aber ich weiß, dass er später nicht in diese totalitäre Partei mit der menschenverachtenden Ideologie eintrat, obwohl es ihm beruflich wahrscheinlich genützt hätte. Opapa war kein Nazi. Ich bin darüber sehr froh.

Bei Salman Schocken

Es kam Wilhelm aber zugute, dass er »Arier« war. Sozusagen der Arier vom Dienst. Wilhelm hatte eine heikle Aufgabe, er musste mithelfen, ein großes Wirtschaftsunternehmen zu erhalten, und er musste mithelfen, den Einfluss seines jüdischen Eigentümers zu erhalten. Zum Beispiel, indem er den Konzern gegenüber den Behörden in Sachsen vertrat.

Salman Schocken, der Besitzer der Kaufhauskette, von der nun zu berichten ist, war ein ganz besonderer Mann. Auch er muss, wie Heinrich Brüning, mit seiner Persönlichkeit und seinem Werdegang meinen Großvater stark beeindruckt haben. Geprägt vielleicht sogar.

In der Weimarer Zeit war Salman Schocken eine Größe. Dabei war er ein rundlicher Mann von kleiner Statur. Hannah Arendt bezeichnete ihn als »jüdischen Bismarck«, im Land wurde er als »Kaufhauskönig« tituliert. »König« passte dabei schlecht zu dem bürgerlichen Kaufmann, der in Familie und Firma eher als »Patriarch« wirkte.

Salman Schocken war nicht nur Kaufhausbesitzer, er war Inhaber eines dreisprachigen Verlagshauses, das unter anderem zeitweise die Rechte auf das Gesamtwerk von Franz Kafka besaß! Sein Biograph Antony David beschreibt Salman Schocken als »kosmopolitischen Juden«, allerdings in einer Zeit, die die Juden dazu gezwungen habe, auch »eine Nationalflagge zu hissen und sich dem neuen jüdischen Staat anzuschließen«. Seine eigentliche Religion sei sein bürgerliches Bildungsideal gewesen, seine politische Einstellung verfassungspatriotisch.

Wie sein älterer Bruder Simon war Salman Schocken Mitglied in der liberalen »Deutschen Demokratischen Partei«, die zusammen mit SPD und Zentrum die erste Koalition der Weimarer Republik gebildet hatte. Er war ein »Autodidakt«, der nach ein paar Jahren Volksschule mit 14 Jahren von zu Hause fortging und zunächst als Handelsvertreter durch Sachsen reiste. Schockens Kritiker spotteten später über den »Ladenbesitzer«, der sich als Kulturmensch aufspiele. Eine höhere Schule zu besuchen hatten seine

Eltern ihm nicht ermöglicht – nicht ermöglichen können,
aber auch nicht ermöglichen wollen, da ein Kaufmann das
nicht brauche. Er wurde ein unermüdlicher Leser, der sich
alles selbst beibrachte, in Berlin abends Vorlesungen an
der Uni besuchte. Mit bewundernswertem Erfolg: Thomas
Mann bezeichnete ihn einmal als einen der besten Goethe-
Kenner, sein Lieblings-Schriftsteller war aber wohl Heinrich
Heine.

In Jerusalem, wo er später lebte, ließ er vom Architek-
ten Erich Mendelsohn – auch er ein Flüchtling aus Nazi-
Deutschland – im Jahr 1934 eine wunderschöne, elegante
und weitläufige Bibliothek errichten. Ein kultivierter Mann,
der in seinem Büro Bilder von Chagall, Liebermann und
Toulouse-Lautrec hängen hatte. Und ein Mann, der mit

seinen Warenhäusern zu Beginn der 30er Jahre 110 Millionen Jahresumsatz machte und 6000 Angestellte hatte. Ein Mann, der auch die Bücher von Ökonomen las und sich für wissenschaftlich fundierte, moderne Betriebsführung begeistern konnte. Kurz bevor Hitler an die Macht kam, hatte Mendelsohn, der Architekt des Potsdamer Einstein-Turms und des Gebäudes, in dem heute die Berliner Schaubühne spannendes Theater bietet, für ihn bereits zwei Schocken-Filialen erbaut, in Stuttgart und in Chemnitz. Das in Chemnitz kann man heute noch bewundern. Es ist ein archäologisches Museum geworden.

Salman Schocken aber ging mit seiner Familie 1933 zunächst in die Schweiz, dann nach Palästina. Er wohnte in Jerusalem, gründete die hebräische Tageszeitung »Ha'aretz«, zog 1940 jedoch in die Nähe von New York, gründete einen dritten Verlag, hielt sich nach dem Zweiten Weltkrieg häufig in der Schweiz auf. Und hatte Goethes »Faust II« in der Hand, als er im August 1959 in einem Sessel seines Schweizer Hotelzimmers tot aufgefunden wurde. Ausgerechnet dieses komplizierte, aber visionäre Theaterstück, in dem der deutsche »Nationaldichter« die Entwicklung der kapitalistischen Warengesellschaft vorwegnimmt.

›Gute Waren für jedermann; stets gleiche, gute Leistungen.‹ So inserierte der Kaufhaus-Konzern Schocken im Jahr 1929. Das erste seiner Häuser war im Jahr 1901 im sächsischen Zwickau eröffnet worden. Als der 38-jährige Wilhelm ihn kennenlernte, war Salman Schocken 57 Jahre alt und hatte, zusammen mit seinem Bruder Simon, der 1929 bei einem Unfall starb, sein Kaufhausimperium schon längst aufgebaut.

Die 19 Filialen, die bis 1931 entstanden, wurden vorwiegend in mittelgroßen Städten errichtet, in Zwickau war die Zentrale. Aber auch Berlin hatte sein Kaufhaus Schocken – am Leipziger Platz. Es hatte sogar – eine Neuheit in den Kaufhäusern – eine eigene Lebensmittelabteilung.

Schlüssel zum Erfolg war der zentralisierte Einkauf großer Mengen von Waren zu günstigen Preisen, die Produktion eigener Modelle für die modische Dame und den gut angezogenen Herrn. Man wollte auch die untere Mittelschicht und die Arbeiterklasse als Stammkundschaft gewinnen. Also auch Frauen, die bisher selbst geschneidert hatten. Anscheinend war Salman Schocken ein gutes Betriebsklima wichtig, denn er bot seinen Angestellten Eigenheimkredite, Urlaub in betriebseigenen Ferienlagern, Hilfe bei der Gesundheitsversorgung, Beihilfen für Familien mit Kindern unter 16 Jahren und für Wöchnerinnen.

Vielleicht ist es so zu erklären, dass die Angestellten teilweise auch nach der erzwungenen Arisierung zu ihrem jüdischen ehemaligen Chef hielten. Persönlich soll dieser Salman Schocken eher ein Einzelgänger gewesen sein, so entnehme ich der Biografie. Seine Kaufhäuser habe er gern »per Fernsteuerung« geleitet, mit Hilfe seiner Direktoren. Er muss ein Händchen dafür gehabt haben, dafür gute Leute einzustellen. Ich lese, dass er zu diesem Zweck auch graphologische Gutachten bemühte. Hat er auch Wilhelms Handschrift von einem Graphologen begutachten lassen? Das wäre doch spannend zu wissen.

In Zwickau

Zu Beginn pendelte Wilhelm zwischen Berlin und Sachsen, schlief im Hotel Wagner, wenn er in Zwickau präsent sein musste. Die Familie kam erst Anfang des Jahres 1935 nach, meine Mutter, die Älteste, blieb noch in Berlin, im Internat bei den Ursulinen, einem katholischen Schul-Orden. Noch war nicht entschieden, ob Marianne nach den Osterferien, zum neuen Schuljahr, in Zwickau in eine staatliche Schule gehen sollte. Keiner wusste ja, wie sich die politischen Verhältnisse entwickeln und ob man sich auf Dauer in Sachsen einrichten würde.

Ihre erste Nacht in der neuen Stadt verbringt auch Hedwig im Hotel Wagner, zusammen mit ihrem Mann, der nach einer wichtigen Sitzung erst spät dorthin kommt. Bald beginnt sie, sich im neuen Haus in Zwickau wohl zu fühlen. Das »Kuhbergaus« ist sehr geräumig, liegt am Stadtrand, sie fühlt sich sicher hier, sicherer als in Berlin. »Ich bin sehr gerne hier, Papi«, vertraut sie ihrem Tagebuch an, »und ich bin so froh, dass Du Dich bei Schocken wohl fühlst.« Sie hat »keine, gar keine Sehnsucht nach Berlin« – auch im Mai noch nicht. Einzig die Heiligen Messen in einem Fabriksaal gefallen ihr in der neuen Stadt nicht. Die Kirchen in Berlin waren schöner.

Und dann Wilhelms ewige Reiserei. Immer wieder heißt es in ihrem Tagebuch: »Du musst furchtbar viel verreisen, Papi.« In Berlin wohnt Wilhelm immerhin immer im vornehmen »Esplanade« am Potsdamer Platz. Heute ist davon nur noch der Kaisersaal erhalten, der 1993 in einer spektakulären Aktion um ein Stück verrückt wurde. In diesem prächtigen Hotel ist auch Charlie Chaplin abgestiegen, und Greta Garbo. Die Nazigrößen mieden es aber.

Später geht es im Tagebuch dann nicht mehr nur um

Reisen nach Berlin. Wilhelm muss nun auch nach Zürich und Amsterdam. Denn es gibt wichtige, politisch notwendige und von Salman Schocken umsichtig vorbereitete Änderungen im Konzern.

Wilhelm war schon eine Weile »bei Schocken« (wie die Zwickauer sagten), als der »Kaufhauskönig« im Jahr 1936 die Entscheidung traf, rund 60 Prozent des Besitzes einer englischen Gruppe zu überlassen, die Sir Andrew McFadyean führte. Schocken wollte sich damit gegenüber dem Regime absichern.

Eigentlich ist der Kaufhaus-Konzern also schon mehrheitlich nicht-jüdisch. Trotzdem kommt es immer wieder zu Boykott-Aufrufen, denn den Nazis reicht das nicht. Zwickaus Bürger und die anderer Städte werden aufgefordert, »nicht beim Juden« zu kaufen, die Umsätze sinken.

Und das, obwohl die Wirtschaftspolitik der Nazis den Bürgern ja zunächst – vor dem Krieg – mehr Spielräume für den Konsum gab. Das Regime will allerdings vermeiden, dass die Bürgerinnen und Bürger diesen Spielraum ungezügelt nutzen: Lieber sollen die Leute keine Mode kaufen, sondern auf einen – erschwinglichen – Volksempfänger oder Volkswagen sparen. Und ihre anderen Bedürfnisse einschränken. Wirtschaftshistoriker Fuchs spricht von einer

KAUFHAUS SCHOCKEN

»Verbrauchslenkungs-Kampagne«. Man will vermeiden, dass Konsumgüter importiert werden müssen, weil die Leute ihr Geld für Dinge ausgeben möchten, die im Inland nicht produziert werden (können). Das Regime strebt nach Autarkie. Dazu kommt, dass der Einzelhandel immer noch gegen die Konkurrenz durch die neumodischen Kaufhäuser kämpft. Die Kampagne richtet sich schon deshalb vor allem gegen die großen Warenhäuser, die häufig in jüdischem Besitz sind – oder bis vor kurzem noch waren.

Und die Judenhetze geht weiter. Zeitungen weigern sich, Inserate von Schocken aufzunehmen, jahrelang eng mit dem Konzern verbundene Lieferanten wollen ihre Waren nicht mehr an den »jüdischen« Kaufhauskonzern verkaufen – und nehmen dafür sogar eigene Umsatzeinbußen in Kauf. In einer Mitteilung einer »Zweckvereinigung Warenhäuser und Einheitspreisgeschäfte der Wirtschaftsgruppe Einzelhandel« heißt es im Herbst 1936, jüdische Geschäfte sollten doch lieber zurückhaltend sein bei der Weihnachts-Werbung, es widerspreche dem Volksempfinden, wenn von ihnen »sakrale und völkische Symbole des Weihnachtsfestes« verwendet würden.

Für den Katholiken Wilhelm muss das bitter gewesen sein. Bald darauf wurde es Angehörigen der Wehrmacht und des Arbeitsdienstes verboten, bei Schocken einzukaufen. Dort dachte man darüber nach, das (diskretere) Versandgeschäft auszuweiten. Außerdem wurde das Personal noch besser geschult, um durch gute Kundenbetreuung zu punkten.

»Sind wir nun arisch?«

Im Herbst 1937 wurde aber klar, dass die 1936 geschaffenen Strukturen nicht ausreichten, um das Unternehmen zu schützen. Die Nürnberger Filiale wurde vom 17. Dezember an bis ins neue Jahr hinein gezielt boykottiert, um das Weihnachtsgeschäft zu treffen. Es kam sogar zu Angriffen auf Kundschaft und Angestellte. Die Aktion wurde von (dem Nürnberger) Julius Streicher persönlich inszeniert. Die »verhältnismäßig ruhigen« Jahre waren zu Ende. Der Wirtschaftshistoriker Konrad Fuchs meint, ein Grund dafür sei gewesen, dass Hjamar Schacht damals als Reichswirtschaftsminister ausschied – der (im Vergleich zu anderen Nazi-Größen) noch relativ rational dachte.

Wie auch immer: Nun hatte sich die Lage (nochmals) verschlechtert, man musste etwas tun. Deshalb ist zunächst wohl Salmans Sohn Theodor Schocken aus der Geschäftsführung ausgeschieden. Etwas später, zu Beginn des Jahres 1938, wurden auch mehrere jüdische Geschäftsführer wichtiger Filialen durch »Arier« ersetzt.

Ist die Firma Schocken nun arisch oder nichtarisch? Die Geschäftsleitung stellt in einem Schreiben an den sächsischen Wirtschaftsminister zu Beginn des Jahres fest, man werde »heute als arisches oder nichtarisches Unternehmen angesehen, je nachdem welche Einstellung die betreffende Stelle einnimmt«. Man könnte auch sagen: Wie es gerade besser passt. Denn für das Winterhilfswerk spenden darf Schocken – als arisches Unternehmen. Andererseits werden immer wieder Mitarbeiter schikaniert, weil sie angeblich in einem »jüdischen« Kaufhaus arbeiten. Und am 11. März gibt die NSDAP Pforzheim ein Rundschreiben heraus, in dem alle jüdischen Geschäfte der Stadt aufgelistet werden. Das Kaufhaus Schocken steht ganz oben auf der Liste. Interessant der Hinweis, dass Parteigenossen dort nicht kaufen dürfen. Offensichtlich muss man sie eigens daran erinnern, offensichtlich kaufen auch sie noch im Jahr 1938 in »jüdischen« Geschäften.

Anfang Februar 1938 kommt Wilhelm nicht schweigsam und in sich gekehrt nach Hause, wie das in den letzten Wochen häufig der Fall war. Er ist geladen, knallt Hedwig, die seit Stunden schon auf ihn gewartet hat, etwas unsanft eine Zeitung auf den Wohnzimmertisch. Es ist »Der Angriff« vom 2. Februar 1938.

Nun liegt eine Kopie der Zeitungsseiten auf meinem Tisch. Eine freundliche Bibliothekarin der Grimm-Bibliothek der Humboldt-Universität hat sie für mich aus dem Archiv geholt. Was da steht, ist starker Toback. In dem von Goebbels 1927 gegründeten Hetzblatt der NSDAP gilt die Titelschlagzeile dem »Warenhausjuden und Boykotthetzer« Schocken. Der wird als Zionist vorgestellt, der von Jerusalem gegen Deutschland kämpfe – das Geld dazu aber durch »rastlosen Schacherbetrieb« mit seinen Warenhäusern verdiene. Als ein Mann, der schon immer ein falsches Spiel getrieben habe, da er vor der Machtergreifung zeitweilig Vorstandsmitglied des Hauptverbandes des deutschen Einzelhandels war, »also ausgerechnet jener Organisation, deren Mitglieder durch die Methoden des Warenhausjuden Schocken und seiner Kollegen auf das schwerste in ihrer Existenz geschädigt wurden«. Schocken führe seine deutschen Käufer neuerdings durch »Tarnungskünste an der Nase herum«: Aufsichtsrat und Vorstand seien zwar inzwischen teilweise arisiert, in der Kapitalzusammensetzung habe sich allerdings nichts Wesentliches geändert. Dass der Engländer McFaryean genug Geld gehabt habe, um den größeren Teil des Aktienkapitals zu erwerben, könne man nicht glauben, das sei unzweifelhaft ein »Scheinverkauf«.

Auch der Name Dr. Wilhelm Fonk ist im Blatt zu finden, auf der nächsten Seite: Interessanterweise als Vorstandsmitglied, dessen »Rassezugehörigkeit nicht ermittelt« werden könne. Die Schocken-AG wird als »Spinne« tituliert, die ein großes Konzernnetz zusammenhält. »Da wirst du und unser guter Name reichlich mitgenommen«, schreibt Hedwig in ihr Jahrbuch für Willy.

Die Hetze nimmt die ganze Familie mit. Im Frühjahr 1938 teilt der Lehrer ihres Sohnes Hedwig mit, das Kind sei in der Schule sehr »verschlossen«. Einmal kommt er mit einem blauen Auge nach Hause. Auf die Fragen der Eltern hin bricht es schließlich aus ihm heraus: »Die können mich ja alle nicht leiden, die verhauen mich immer und rufen ›Du Judenbock, schäm Dich‹ Dein Vater ist ja bei Schocken!« Wilhelm geht höchstpersönlich in die Schule, um das zu klären. »Die Sache kam in Ordnung.«

Von den fünf größten Warenhauskonzernen im Land hatten sich 1933 vier in jüdischem Besitz befunden, alle

Warenhausjude und Boykotthetzer
Schockens Kampf gegen Deutschland

...ie die Pariser GPU.-Agentin flüchten konnte

Was die ITA verrät

Salmann Schocken, früher Deutschland, heute Jerusalem

Von den Haushaltsgeldern deutscher Familien lebt einer der aktivsten Führer der jüdischen, antinationalsozialistischen Kampforganisation „Jischuw", Sallmann Schocken. Er führte lange Jahre den Vorsitz in der Organisation der deutschen Warenhäuser und verband damit die Stellung eines Vorstandsmitgliedes der Hauptgemeinschaft des deutschen Einzelhandels, obwohl die vom „System" begünstigten Warenhäuser im schärfsten wirtschaftlichen Wettbewerb mit dem Fachhandel lagen. Auch dem Reichswirtschaftsrat gehörte er an.

Heute sitzt Sallmann Schocken, der bereits seit 1921 im Finanz- und Wirtschaftsreferat der zionistischen Organisation und seit 1923 im Kuratorium des Jüdischen Nationalfonds tätig ist, in Jerusalem. Die jüdische Telegraphenagentur „Jta" hat ihm seine prominente Vergangenheit und seine Aktivität im jüdischen Kampf bescheinigt. Die Gelder aber, die er zu diesem Kampf beisteuert, fließen Herrn Schocken als Mitinhaber von 19 Waren- oder Kaufhäusern aus Zwickau, Chemnitz und Cottbus, aus Nürnberg, Stuttgart und anderen süd- und mitteldeutschen Städten zu.

Sallmann Schocken, Jerusalem . . . . 500 „
Theodor Schocken, Zwickau . „ 500 „

Vorstandsmitglieder waren damals:
Dr. Wilhelm Fonk, Zwickau (Rassezugehörigkeit nicht ermittelt),
Kaufmann Georg Spiro, Zwickau (Jude),
Syndikus Karl Stern, Zwickau (Jude),
Moscha Goldmann, Zwickau (Jude).
Ferner die Prokuristen:
Oswald Schäfer, Zwickau (Arier),

Theodor Schocken, Zwickau (Jude).
Kurt Wutzler, Zwickau (Arier).
Der Aufsichtsrat setzte sich zusammen aus den Herren:
Direktor Franz Belitz, Berlin,
Rechtsanwalt Dr. Siegfried Moses, Berlin,
Rechtsanwalt Dr. Hermann Münch, Berlin.
Seit dem 1. Juli 1936 hinzugewählt:
Sir Andrew Mc. Fadyean, London, und
Nigel Law, London.
Diese beiden Aufsichtsratsmitglieder sind Engländer. Sie sollen Aktien erworben haben.
In jüngster Zeit hat sich die Schocken AG. „arisiert". Im Vorstand und Aufsichtsrat erscheinen lauter arische Namen. In der Kapitalzusammensetzung dürfte sich aber nichts Wesentliches geändert haben. Sollte Sir Andrew Mc. Fadyean einen größeren Teil des Aktienkapitals erworben haben, so bestimmt nicht aus eigenen Mitteln. Denn er hat bisher

waren seitdem »arisiert« worden, allein bei Schocken war das noch nicht zur vollen Zufriedenheit der Machthaber geschehen. Es musste etwas geschehen. Wilhelm hatte eine dringende Aufgabe.

»Du wirst und musst es schaffen«, schreibt Hedwig in ihrem Tagebuch, an Willy gerichtet. »Die Firma, die seit Jahren zu 60 Prozent arisch ist, muss es 100-prozentig werden. Du hast es dir vorgenommen, und all unsere Hoffnung heißt: bis Ostern wird alles in Ordnung sein.« Ostern jedoch muss sie schreiben: »Du steckst mitten im dicksten Ärger, in schwersten Verhandlungen.« Am 22. April dieses schweren Jahres 1938 kommt eine »Verordnung gegen die Unterstützung der Tarnung jüdischer Gewerbebetriebe« heraus. Unterstützt Wilhelm nach Ansicht des Regimes durch seine berufliche Tätigkeit eine solche Tarnung? »Ein deutscher Staatsbürger, der aus eigennützigen Beweggründen dabei mitwirkt, den jüdischen Charakter eines Gewerbebetriebes zur Irreführung der Bevölkerung oder der Behörden bewusst zu verschleiern, wird mit Zuchthaus, in weniger schweren Fällen mit Gefängnis, jedoch nicht unter einem Jahr, und mit Geldstrafe bestraft«, steht in Paragraph eins der Verordnung. Wenig später wird verfügt, dass die Vermögensverhältnisse von Juden genau zu kontrollieren seien. Juden sollen keinerlei Einfluss mehr haben auf die deutsche Wirtschaft.

Immer mehr Zulieferer und Dienstleistungsfirmen verweigern dem Konzern die Mitarbeit. Bis hin zur Reinigung der sanitären Anlagen. Unhaltbare Zustände. Der Verkauf ist unumgänglich. Die Verhandlungen führen Wilhelm mehrfach nach Zürich und nach Amsterdam. Denn auch mit der Schweizer Kaufhauskette »Globus« und einem niederländischen Konzern ist man im Gespräch. »Beruf und nochmals Beruf«, notiert Hedwig. An einem einsamen Abend schreibt sie an ihren abwesenden Willy: »Nun weiß ich dich dort, wo sie dich quälen.«

Eine amtliche Genehmigung für einen ganz normalen Verkauf zu erlangen, also für ein Geschäft zwischen gleichberechtigten Partnern, die beide Einfluss auf den Deal nehmen können, ist aussichtslos. Das würde das Regime dem Juden Salman Schocken nicht zubilligen.

»Sobald die Verhandlungen abgeschlossen sind, kriegst du ein Telegramm«, stellt Wilhelm seiner Frau in Aussicht. »Den Inhalt weiß ich, es wird himmelhochjauchzend sein und in Berlin mache ich tausend Luftsprünge.« Ungewohnte Töne für den nüchternen Volkswirt und Großkaufmann. Am 25. Juli telegrafiert Wilhelm denn auch wesentlicher lakonischer nach Zwickau: »Alles in Ordnung.«

Wie sah der Deal aus? Wirtschaftshistoriker Konrad Fuchs erklärt es so: »Vereinfacht ausgedrückt war der Schocken-Konzern, das heißt die Aktien und Anteile, in denen sich das wirtschaftliche Eigentum an den Unternehmungen des Konzerns verkörperte, durch Vermittlung von zwei Amsterdamer Banken, der Bankhäuser Rhodius, Koenigs & Co und der Hollandschen Koopmannsbank, an eine deutsche Bankengruppe unter Führung der Deutschen Bank und der Reichskreditgesellschaft verkauft worden.« Die erzielten Beträge mussten auf »Auswanderer-Sperrkonten« eingezahlt werden, ein Teil des Geldes ging zudem für »Judenabgabe« und Steuern drauf. »Weder der den Verkäufern des Schocken-Konzerns hierfür vertraglich zugesicherte Preis, noch weniger die ihnen schließlich tatsächlich zur freien Verfügung zugeflossene Summe des Verkaufspreises stand in einem angemessenen Verhältnis zum wirklichen Wert des Konzerns.« Der Bilanzwert nämlich wird von einer Wirtschaftsprüfergesellschaft auf weit mehr als 20 Millionen Reichsmark geschätzt. Die Kaufhauskette Schocken heißt nun »Merkur«.

Für ein »Himmelhochjauchzend« fehlt jeder Grund.

Wilhelm ist aber mit ziemlicher Sicherheit erleichtert. Und erschöpft. Er fährt von Berlin aus nach München, um mit der Familie noch ein paar Urlaubstage in Oberbayern zu genießen. Sie holen ihn vom Bahnhof ab. Den Fahrersitz des Familienautos haben die Kinder mit Eichenlaub umwunden.

Die Familie hat sich genau in dieser schwierigen Zeit vergrößert: Kurz nach Weihnachten 1937 ist ein »Nachzügler« geboren worden, ein kleines Mädchen, das Wilhelm unbedingt Hedwig nennen möchte. Er bekommt von der großen Hedwig seinen Willen, die vier älteren Kinder lieben ihr Hedchen heiß und innig. Hedwig ist bei der Geburt ihres jüngsten Kindes 39 Jahre alt, Wilhelm 41. Sie schreibt, sie habe »kein Talent zu Söhnen«.

Ferien macht man seit 1936 in Oberammergau. Im Passionsspielort mietet man später auch langfristig ein Haus, das schöne »Haus Malenstein«. Der Bürgermeister hat versprochen, nach einem Grundstück für ein eigenes Ferienhaus zu suchen. Doch das kann dauern. Die Verbindungen zu ihm und zu dem »heimeligen Bergdörfchen« (O-Ton Omama) werden später enger werden. Noch sind wir nicht so weit. Wir müssen sogar noch ein Stück zurück gehen, in die Zeit vor der Geburt der kleinen Hedi.

Katholiken, Zweiter Teil:
Die Enzyklika

Ostern lag im Jahr 1937 früh, Ostersonntag war der 28. März. Am »Weißen Sonntag«, eine Woche danach, ging mein Onkel Hans-Wilhelm (seinerseits nach dem Vater und nach dessen Bruder benannt) zur Ersten Heiligen Kommunion. Wilhelm sprach bei dieser Gelegenheit, wie Hedwig schreibt, bei Tisch »ernste Worte« über die katholische Familie und die katholische Tradition. »Als wolltest du es deinen Kindern, deinem Sohn einhämmern!«, schreibt seine Frau. »Und ich bin sicher, sie haben es verstanden.« Auch die Freunde, die an der Feier teilnehmen, bekennen an diesem Tag ihre christlich-katholische Einstellung. Sie sind sich gegenseitig eine Stütze, und sie sprechen nicht »aus heiterem Himmel«.

Am Palmsonntag, zwei Wochen zuvor, wurde nämlich von den Kanzeln der katholischen Kirchen des Landes eine Enzyklika verlesen. Papst Pius XI. hatte sich den Entwurf dafür vom Erzbischof von München und Freising, Michael Kardinal Faulhaber, schreiben lassen, der Kardinalstaatssekretär, Deutschlandkenner und spätere Papst Pius XII., Eugenio Pacelli, hatte den Entwurf weiter bearbeitet. Ja,

jener Papst, der unter anderem durch ein Theaterstück des deutschen Dramatikers Rolf Hochhuth später, in den 60er Jahren des 20. Jahrhunderts, ins Zwielicht geriet. Nun aber erst einmal dieser Text, der auch in Sonderdrucken erschien. Die Nazis wurden davon überrascht, sie enteigneten kurz darauf sogar beteiligte Druckereien.

Was stand für sie so Verfängliches in diesem Sendschreiben des Papstes? Was hörten meine Großeltern, meine Mutter und ihre Geschwister, meine ganze Familie mütterlicher- wie väterlicherseits an diesem Sonntag vor Ostern auf nüchternen Magen (vor der Kommunion durfte man ja damals nichts essen)?

»Mit brennender Sorge«, so begann die Botschaft des Papstes »Über die Lage der katholischen Kirche im Deutschen Reich«. Das kennzeichnete die Situation: Was das Reichskonkordat vom Juli 1933 der Kirche zugesichert hatte, war durch Maßnahmen bedroht, die politisch unter dem Label »Gleichschaltung« liefen. In der Enzyklika ist von einem »Vernichtungskampf« die Rede. Bedroht war etwa der Bestand der Konfessionsschulen und der Religionsunterricht an öffentlichen Schulen in der Hand der Kirchen. Oder die Ausbildung von Priestern.

Ein heikler Punkt. Im Jahr zuvor, 1936, war es zu »Sittlichkeitsprozessen« gegen Ordensleute und Priester von Kirchengemeinden gekommen. Einigen von ihnen wurde vorgeworfen, homosexuelle Beziehungen zu haben, und damit gegen den Paragraphen 175 zu verstoßen. Anderen aber wurde der Prozess gemacht, weil sie Kinder und Jugendliche sexuell missbraucht haben sollten. Kommunionkinder und Firmlinge, mit denen sie bei Vorbereitungs-Freizeiten in einem Zimmer geschlafen hatten. In einer Rede, die im Rundfunk übertragen wurde, sprach Propagandaminister Goebbels am 28. Mai 1937 von »vertierten und skrupellosen Jugendschändern«. Die Kirche habe, angesichts der »himmelschreienden bischöflichen Verantwortungslosigkeit«, jedes Recht verwirkt, an der Jugenderziehung mitzuwirken.

Uns stockt der Atem, wenn wir das lesen: die Aufarbeitung von sexueller Gewalt gegenüber Minderjährigen durch Mitarbeiter der Kirche ist doch UNSER Thema heute. (Glücklicherweise ist der Vorwurf an die Geistlichen, schwul oder lesbisch zu sein, für uns inzwischen Geschichte, auf jeden Fall aus strafrechtlicher Sicht.) Es wirkt recht wahrscheinlich, dass es solche Fälle des Missbrauchs von Kindern gab. Für die Nazis waren sie sozusagen ein gefundenes Fressen. Nach Erscheinen der Enzyklika wurden weitere Sittlichkeitsverfahren eingeleitet. In den Jahren 1937 und 1938 wurden denn auch die privaten katholischen Schulen aufgelöst, Geistliche durften keinen Religionsunterricht mehr erteilen.

Zurück zu »In brennender Sorge«. Der Papst wurde in seinem Hirtenwort auch grundsätzlich. Er hatte eine Warte, von der aus er die Ideologie der Nazis angreifen konnte: den christkatholischen Glauben an einen Schöpfergott. Er prangerte das »Neuheidentum« an. Eine Weltanschauung, in der einzelne Menschen sich gottgleich über andere erheben, keinen Schöpfer über sich anerkennen, kein Sittengesetz, das im Naturrecht verankert wäre. Eine Ideologie, die Propaganda-Minister Goebbels zuvor ganz ausdrücklich als »total neue Auffassung des menschlichen Lebens« charakterisiert hatte. Der Papst setzte den christlichen Glauben dagegen. »Wer die Rasse, oder das Volk, oder den Staat, oder die Staatsform, die Träger der Staatsgewalt oder andere Grundwerte menschlicher Gemeinschaftsgestaltung – die innerhalb der irdischen Ordnung einen wesentlichen und ehrengebietenden Platz behaupten – aus dieser ihrer irdischen Wertskala herauslöst, sie zur höchsten Norm aller, auch der religiösen Werte macht und sie mit Götzenkult vergöttert, der verkehrt und fälscht die gottgeschaffene und gottbefohlene Ordnung der Dinge.« Über den Gott des christkatholischen Glaubens gibt es einen klaren, einfachen Satz: »Regierende und Regierte, Gekrönte und Ungekrönte, Hoch und Niedrig, Reich und Arm stehen gleichermaßen unter seinem Schutz.« Ein schöner Satz, ein Satz voller Pathos auch.

Aber ging der Papst in seiner Kritik am Regime weit genug? Zumal es in den kommenden Jahren keine weiteren offiziellen Erklärungen des Heiligen Stuhls vom Rang einer Enzyklika zum Verhalten dieses Regimes mehr geben sollte. Keine Enzyklika zur Vernichtung der Juden. Nichts zur

»Euthanasie« »unwerten Lebens« von Behinderten, die Clemens von Galen als Bischof von Münster in seinen Predigten tapfer anprangerte. Aus zehn Thesen gegen den Rassismus, die 1938 zusammengestellt wurden, wurde kein Lehrschreiben des Papstes mehr. Und: Hätte man den Katholiken Adolf Hitler nicht auch exkommunizieren, also förmlich von den Sakramenten ausschließen können?

Der Kritik am Nationalsozialismus, die »In brennender Sorge« zum Ausdruck brachte, stand außerdem eine andere Enzyklika gegenüber: »Divini Redemptoris«. (Im Unterschied zu der Enzyklika vom Palmsonntag, die sich vor allem an deutsche Katholiken wandte, war sie in lateinischer Sprache abgefasst.) In diesem Lehrschreiben ging es um eine Verurteilung des Kommunismus. Beide Ideologien wurden also vom Vatikan »ausgewogen« verurteilt, als weltanschauliche Verirrungen des 20. Jahrhunderts.

In der Enzyklika »Mit brennender Sorge« gibt es auch eine Passage, in der der Papst seinen Dank ausspricht an Priester und Gläubige, und das »bis in die Kerkerzelle«. Ganz besonders dankt er den katholischen Eltern, die unerschrocken ihre Erziehungsrechte ausüben. Er versichert allen, dass die Kirche keinen innigeren Wunsch kenne als Frieden im Verhältnis zum Staat. »Wenn aber – ohne

Unsere Schuld – der Friede nicht sein soll, dann wird die Kirche Gottes ihre Rechte und Freiheiten verteidigen im Namen des Allmächtigen, dessen Arm auch heute nicht verkürzt ist.«

Sicher, die Probleme der »eigenen Leute« nahmen großen Raum ein in diesen Äußerungen des Vatikans: Religionsunterricht, Religionsausübung. Das kann man als Gruppenegoismus sehen. Andererseits kannten die Katholiken aus dem Kulturkampf im Bismarckreich die Angst, dass ihnen die »Cura animorum«, die Pflege der Seelen der Gläubigen, erschwert werden könnte. Das war Alltag, über den meine Großmutter in ihrem Tagebuch berichtet: Meine Mutter und ihre Geschwister erleben Wochenendaktivitäten und Dienstzeiten beim Bund Deutscher Mädchen und der Hitlerjugend, die so gelegt wurden, dass sie nicht am katholischen Gottesdienst teilnehmen können.

Einmal, im Jahr 1940, kommt der Führer der HJ-Gruppe meines Onkels zu meiner Großmutter nach Hause, übermittelt »im Auftrag des Jungbannführers« einen Befehl: Der Junge müsse am kommenden Sonntag um sieben Uhr zum Dienst antreten. »Rücksicht auf Gottesdienst kann nicht genommen werden, Nationalsozialismus und Kirche lässt sich überhaupt nicht vereinigen.« Erscheine ihr Sohn nicht pünktlich, dann werde ihm eine Kordel abgenommen.

So hat es meine Großmutter aufgeschrieben. Sie hatte aber auch noch eine Antwort für den HJ-Führer parat: Baldur von Schirach höchstpersönlich habe doch gerade in einer Rundfunkansprache erklärt, dass man den Mädels und Jungen Zeit zum sonntäglichen Gottesdienst lasse, dass also der Dienst später anzufangen habe. Sie sagt ihm zudem klipp und klar, dass ihr Sohn jeden Sonntag zum Gottesdienst gehe, »dass er nachher jeden Dienst freudig mitmache, wenn er zu einer vernünftigen Zeit angesetzt sei«. Das solle der HJ-Führer dem Jungbannführer bitte ausrichten. Meine Großmutter verschafft sich anschließend einen Auszug aus der Rede von Schirachs, um bei Bedarf gut argumentieren zu können. Sie muss es nicht, denn ihr zwölfeinhalbjähriger Sohn hat ein Gespräch mit dem Jungbannführer, der ihn »gut und kameradschaftlich« empfängt. Der junge Mann erzählt ihm, dass er zwar aus der Kirche ausgetreten, deshalb aber »kein schlechter Mensch« sei. Mein Onkel könne ruhig sonntags »in seine Kirche« gehen, er möge nur ja nicht seine Mutter quälen, »dass er zum Dienst und nicht zur Kirche wolle«. In diesem Fall ist alles gut gegangen. Hedwig hatte ein ziemlich gutes Argument auf ihrer Seite.

5

Wilhelms Wurzeln

Ostern 1939 stirbt Wilhelms Vater. Hedwig berichtet, er habe »wie ein kleines Kind« geweint. Einige Zeit später erzählt er seinen Kindern von seinem Vater, ihrem Großvater väterlicherseits. Dessen Vater, ihr Urgroßvater, hatte einen Hof in der Eifel, dort ist er aufgewachsen. Er verließ den Heimatort, um Lehrer zu werden. Lehrer und Armenpfleger, schreibt Hedwig. Wilhelm beschreibt seinen Kindern den verstorbenen Großvater als geraden, charakterfesten, biederen Mann. Er sei aber auch für ein Späßchen zu haben gewesen. Nichts sei ihm aber über seinen katholischen Glauben gegangen. Es ist große Liebe spürbar in diesem Bericht, und Wilhelms Bedürfnis, etwas weiterzugeben, wie bei der Erstkommunion seines einzigen Sohnes.

Ich weiß kaum etwas über diesen Urgroßvater Johannes Fonk. Ich erinnere mich, dass mein Großvater gern Gerichte aß, für die Fleisch, Gemüse und Kartoffeln auf dem Teller getrennt angeordnet wurden. Die Fondue-Mode der 70er Jahre fand er nicht gut, weil alle ihre Gabeln in denselben Topf tauchten. Aus einem Topf essen, das habe man früher tun müssen, als die Menschen noch ärmer waren und auf dem Land lebten. Wurde in der Familie von Johannes Fonk, auf dem Dorf in der Eifel, noch aus einem Topf gegessen? Hat er das seinen Söhnen erzählt?

Meine Mutter wiederum erzählte, ihr Großvater Fonk sei recht streng gewesen. Und eifersüchtig auf den Großvater mütterlicherseits, den »Opa Eichelsbacher«, Hedwigs Vater, den die Kinder lieber gemocht hätten. Opa Fonk und Opa Eichelsbacher kannten sich als Kollegen, ihre Familien waren nun durch die Heirat von Wilhelm und Hedwig verbunden. Oma Fonk habe ich noch erlebt, sie wurde »Mutter Klara« genannt und wohnte zum Schluss bei meinen Großeltern. Auch sie erschien mir streng, fand uns, obwohl wir folgsame Kinder waren, manchmal nicht »lieb« genug.

Wie war es in Wilhelms Familie, als die drei Jungs, er und seine zwei Brüder Fritz und Hans, noch Kinder waren? Damals im Kaiserreich? Ich wüsste gern mehr darüber. Um ihn besser zu verstehen. aber auch, weil zu einer ordnungsgemäßen Biographie doch der Abschnitt »Kindheit« gehört.

Es interessiert mich auch, weil ich weiß, dass Wilhelm selbst ein strenger Vater war. Auch streng nach den Maßstäben seiner Zeit. Bei Tisch durften die Kinder normalerweise nicht sprechen. Ab und zu gab es Schläge. Wilhelm und seine Geschwister müssen aber neben der Strenge auch Wärme gespürt haben. Und offensichtlich gab es für Wilhelm auch eine Grundlage, die er weitergeben wollte.

Mehr als drei Jahre nach dem Tod seines Vaters, am 9. Juli 1942, schreibt Wilhelm aus dem Krieg einen Brief an seine Hedwig, den sie in voller Länge in ihr Buch aufgenommen hat. Ein Brief, durch den viel von Wilhelms Persönlichkeit durchscheint.

Meine Großeltern sind zu diesem Zeitpunkt 20 Jahre verheiratet. »Diese zwei Jahrzehnte sind ein gut Teil unseres Lebens überhaupt – in vieler Beziehung sicherlich der wichtigste«, schreibt Wilhelm seiner Frau. Zu Wilhelm passt, dass er Gott dafür dankt. »Er ist es, der uns so glücklich zusammen werden ließ. Er ist es, der uns solch eine Familie schenkte. Er ist es, der uns auch befriedigende äußere Lebensumstände gab.« Er dankt aber auch seinem lieben, guten »Mummichen«. »Nur bei dir, in deinem Heim, mit dir zusammen fühle ich mich restlos glücklich.« Kein Mensch sei ihm »auch nur annähernd so viel«, schreibt Wilhelm seiner Hedwig. Der 46-jährige Ehemann fühlt sich aber noch »viel zu jung«, um nur in die Vergangenheit zu blicken. Er möchte seinem Gott und seiner Frau etwas geloben. Gott habe ihn »im Weltkrieg« fest an sich gebunden, schreibt Wilhelm. (Das hatte er seinem Kriegstagebuch nicht anvertraut.) Er möchte ein »treuer Soldat Gottes« bleiben, »wie es auch mein seliger Vater war«. Er gelobt seiner Frau, alle Kräfte zusammenzunehmen, um »dir bis zum Ende meines Lebens meine Liebe und Treue zu dir zu singen, zu sagen und zu taten«.

Wie schön, dieses Verb »taten«. Es gefällt mir. Und es erinnert mich an den alten Großvater in seiner letzten Lebenszeit, an den Mann, der kein Spiegelei braten konnte und in seinem Leben selten eine Küche von innen gesehen haben dürfte, der nun aber abends, zum Ausklang des Tages, einen Riegel »Milky Way« oder »Mars« in der Küche in feine Scheibchen schnitt und sie meiner ganz dünn gewordenen, magenleidenden Großmutter ins »Herrenzimmer« zum Fernseher brachte. Sie fand die neumodischen Riegel besser als teure Pralinen. Mein Großvater »tatete« seine Liebe.

In seinem Brief zum Hochzeitstag sprach er aber auch seinen Charakter an. Er wisse, »dass in mir auch dieser oder jener Teil ist, der dir nicht gefällt«. Er könne diese Teile nicht wirklich ändern, wolle sich aber bessern, diese Teile »abschleifen«, sie »annehmbar machen«. Vielleicht seien sie »durch meinen Lebensweg bestimmt«. Aber vielleicht seien sie auch nötig, »um meine Funktionen im äußeren Leben besser erfüllen zu können«. Welche Teile seiner Persönlichkeit, seines Charakters meint Wilhelm? Er sagt es nicht direkt. Er sagt aber: »Im Innern bin ich kein harter Mensch. Mir gehen viele Dinge sehr nahe.« Vielleicht sei er sogar zu wenig hart, »innerlich zu sehr mitgenommen«. »Die anderen wissen das nicht – brauchen es auch nicht zu wissen. Du ahnst es aber, glaube ich.«

*»Die Menschheit muss dem Krieg ein Ende setzen,
oder der Krieg setzt der Menschheit ein Ende.«*
JOHN FITZGERALD KENNEDY,
AMERIKANISCHER PRÄSIDENT

6

Noch einmal Krieg

Wir haben vorgegriffen, noch ist nicht wieder Krieg. Hedwig notiert nach einem Gespräch mit ihren Eltern und ihrer kürzlich verwitweten Schwiegermutter am 19. August 1939: »Ich glaube gar, die alten Leute sind in Sorge, es könne Krieg geben. Es tut sich sicherlich wieder etwas, aber warum soll es nicht wie im vorigen Jahre mit dem Sudentenland auch diesmal gut ausgehen?«

Ist es 1938 »gut ausgegangen«? Das »Münchner Abkommen«, das am 30. September zustande kam, verhinderte zunächst einen drohenden Krieg: Das mehrheitlich deutschsprachige Randgebiet Böhmens wurde als »Reichsgau Sudetenland« dem Deutschen Reich eingegliedert. Über die »Apeasement«-Politik von Chamberlain und Daladier denken wir heute anders. Wiederum sind wir die Nachgeborenen, und (nur deshalb) schlauer.

Am 15. September 1939 klingelte jedenfalls das Telefon im »Kuhberghaus« an Zwickaus Stadtrand: »Oberleutnant Fonk sofort in Wilkau-Hasslau antreten.« Hedwig notiert: »Tage voll Hangen und Bangen folgten. Würde Polen nicht doch noch zur Vernunft kommen? Würden nicht doch noch Verhandlungen verantwortungsbewusster Staatsmänner zur Lösung des Konflikts führen?«

Das Radio verkündet in den nächsten Wochen Sieg auf Sieg. »Warschau hat sich ergeben«, schreibt Hedwig am 6. Oktober. Und sie setzt den Satz fort: »Der Führer hat eine fabelhafte Rede gehalten, es wird Friede werden, er will Frieden, England und Frankreich können nicht ›nein‹ zu seinem ›ja‹ sagen.«

Ihre Hoffnung auf den Führer, auf seine Zusicherungen, seine schönen Worte: Irritierend für uns heute. Und doch sind sie mit einer Hoffnung auf Frieden verbunden, die auch uns verständlich ist.

Einstweilen markieren die Kinder jeden eingenommenen Ort auf der Kriegskarte mit rotem Stift. »Sie sind begeistert«, schreibt Hedwig. Und sie fügt hinzu: »Mir bringt jeder Sieg die Hoffnung, dass England, dass Frankreich, die uns im Westen gegenüber stehen, keinen ernsthaften Krieg mit uns anfangen.«

Hedwig, die sich im Ersten Weltkrieg mit einem Soldaten verlobt hat, muss wieder in Angst um ihren Willy leben. Um einen Wilhelm, der nun 43 Jahre alt ist und beileibe nicht mehr so sorglos wie als Abiturient. »Der schlimmste Tag, schlimmer und trostloser als der Abschiedstag, war der,

an dem ich die Entdeckung machte, dass in der Schreib-
tischschublade meines Willy ein Brief liegt mit der Auf-
schrift: Mein Testament.«

Wilhelm zieht zum zweiten Mal gen Osten, er muss
nach Polen. In seinem Soldbuch steht als Personalbeschrei-
bung: Größe 1,76, Gesicht oval, Bart keiner, Gestalt kräf-
tig, Haar blond, Augen blau, Brillenträger. Auf dem Foto
sind seine wenigen Haare gescheitelt und noch blond.

»Alle Hoffnung auf Frieden ist dahin«, schreibt Hedwig
Ende Oktober. »England will nicht, Frankreich will nicht.«
Wilhelms Kompanie zieht weiter, zur »deutsch-russischen

Interessengrenze«. Zu ihrem Namenstag bekommt Hedwig ein Foto von Willy geschickt. Die Freude ist nur Vorfreude beim Öffnen des Kuverts. Das Bild zeigt ihn abgemagert, zeigt vor allem aber »einen Willy, der resigniert«. Das hat sich also geändert seit dem »Großen Krieg« seiner jungen Jahre. Im November bekommt der Soldat Heimaturlaub, 14 Tage.

Sein zweiter Heimaturlaub ist Ende Januar 1940. Der »Urlaubsgeburtstagswilly« kommt für 14 Tage aus dem »Polenland« nach Hause. Die Kinder empfangen ihn mit Ständchen am Klavier. Klavier hatte er früher selbst mit ihnen geübt. Wilhelm bringt Butter mit aus Polen, die etwas »streng schmeckt«, aber zum Backen sehr gut ist. Und Speck, und polnische Schokolade. Es zeichnet sich für ihn die Möglichkeit ab, wegen der Firma »uk« gestellt zu werden: unabkömmlich.

Wie lange wird der Krieg dauern? »In Berlin ist man optimistisch«, notiert Hedwig nach einem Gespräch mit Freunden dort. »Der dreitägige amerikanische Besuch wird viel besprochen und man verspricht sich viel von ihm.« Sie meint wahrscheinlich die Europa-Reise des Stellvertretenden Außenministers der USA, Sumner Wells, der am 2. März eine Unterredung mit Adolf Hitler hatte.

Doch der Krieg geht weiter. »Frankreich muss sich ergeben!«, schreibt Hedwig. Sie hat es gerade von einer Freundin gehört, und die aus dem Radio. »Nun muss doch bald Friede werden. England wird doch einsehen, dass ihm ein Widerstand nichts mehr nützt. Friede! Friede?«

Wenigstens am Schluss ein Fragezeichen. Eine kleine Tür zum Verständnis. Wo es uns Heutige bei der Vorstellung graust, dass England und später die USA so etwas »eingesehen« hätten. (Immer wieder stutzen wir angesichts der Tatsache, dass man gegen ein Regime sein kann, und doch für einen Sieg der eigenen »Seite«, der einen Sieg dieses Regimes bedeuten würde.)

Nun, immer wieder Fliegeralarm in der Heimatstadt Barmen, die inzwischen mit Elberfeld zusammen Wuppertal heißt. »Die Herren Engländer scheinen alles andere als Frieden machen zu wollen.« Wenig später Luftschutzsirenen auch in Zwickau. »Ja, sogar in Deutschlands Mitte versuchen die Engländer, uns zu schädigen.« Hedwig und die Kinder verbringen drei Nächte hintereinander im Luftschutzkeller. Meine noch nicht ganz dreijährige Tante sagt dort noch ärgerlich »die bösen Engländer!«, ehe sie ihr Däumchen in den Mund nimmt und einschläft.

Unabkömmlich

Wilhelm wird im Sommer aber endlich »uk« gestellt. Mit Verlängerungen (laut Tagebuch meiner Großmutter immer wieder mit dem Vermerk, »man könne Dr. Fonk unmöglich von heute auf morgen aus seinem großen Betrieb herausholen«) und Unterbrechungen gelingt das schließlich bis Anfang 1943.

Im Juni die Notiz: »In welch aufregenden Zeiten leben wir doch! Kaum ist der Balkan erobert, Kreta in tollem Wagemut der Fallschirmspringer genommen, da verkündet das Radio am Sonntag-Morgen: Krieg mit Russland!« Wilhelm hatte es schon lange kommen sehen – »aber es geht einem doch ein Schreck durch die Glieder«, schreibt Hedwig. »Welch schrecklich lange Front vom Eismeer bis zum Schwarzen Meer!« Man sei aber schon so siegesgewohnt, dass man hoffen könne, »auch mit diesem Feind in sechs Wochen fertig zu werden.« Den »guten, getreuen Feldgrauen« gelten ihre Gedanken, aber auch den »armen jungen Menschen, die geopfert werden müssen«.

All das wurde geschrieben in einem Alltag, der in zahlreichen anderen Hinsichten dem unseren entspricht: Arbeit des uk-ge-

stellten Soldaten im Büro, Dienstreisen nach Berlin, die Hausfrau, die in Zwickau einkauft und kocht, deren Teenager und deren Kleinkind ihr Freude (die guten Noten, das bescheidene Auftreten der Großen, die Niedlichkeit des Nesthäkchens!) und Sorgen (der Scharlach!) bereiten. Die Gedanken sind uns zugleich so nah und so fern. Und diejenigen unter den Gedanken, die uns heute fern sind, durften, konnten nach dem Krieg nicht mehr erwähnt werden. Was unsere Nachkriegs-Kindheit stummer machte.

Wie kann man denn schreiben »Wir stehen vor Moskau und Petersburg«? »Unmenschliches leisten unsere Soldaten im Osten« – wie ambivalent sind solche Sätze für uns heute? Und oftmals nachgeschoben in diesen Tagebucheintragungen: »Wenn nur die Todesanzeigen einem nicht immer wieder das Herz schwer machen würden!« Söhne von Bekannten fallen, manchmal zwei in einer Familie.

Wenn Friede ist – dann. So beginnen die Sätze in der Familie. Dann bekommt die Jüngste ein Dreirad, dann kann sie auf Schokolade hoffen, so viel sie will. (Ganz ähnlich wie die Dreijährigen es in der Corona-Zeit sagten: Wenn die Krankheit nicht mehr da ist – dann. Dazu passt, dass Hedwig den Krieg als Schicksal sieht, fast wie eine Krankheit: »Oh Kinder betet, betet, dass Gott die Geißel des Krieges von uns nimmt.«)

Ende 1942 gibt es auch in der Firma Komplikationen: Die Kriminalpolizei durchsucht das Kaufhaus in Zwickau, ein Einkäufer wird verhaftet, soll mit seinen Geschäften gegen die Kriegswirtschaft verstoßen haben. Schlagzeilen und Gerüchte in Zwickau. Wilhelm hat große geschäftliche Sorgen, es geht auch schon wieder um seinen guten Namen.

Wein und gute Radiomusik

Wie kann er entspannen, was macht ihm in der Freizeit Freude? »Bei einem guten Glase Wein und ausnahmsweise guter Radiomusik« habe sich Willy nach einem anstrengenden Tag entspannt, notiert Hedwig im Frühjahr 1942 in ihrem Tagebuch. Sie erwähnt das in einem anderen Zusammenhang. Aber es ist ein Anlass zur Frage, welche Annehmlichkeiten des Lebens Wilhelm genießen konnte. War er das überhaupt, ein Genießer? Schon als junger Freiwilliger hat er bei der ersten Schulung die teilnehmenden »Preußen« als anders empfunden, sie schienen ihm nicht so zu sein wie er und sein Bruder, die Rheinländer. Er hatte den Eindruck, dass sie lauter waren, weniger »Späßchen« ver-

standen, ungemütlicher wirkten. Aber war Wilhelm eine
»rheinische Frohnatur«?

*So habe ich ihn nicht in Erinnerung. Er mochte Weißwein, ich
erinnere mich auch an Zigarren, die er aus Holzkistchen nahm
und die mit Bauchbinden aus Papier bestückt waren. Als Kinder durften wir sie uns als Ringe an die Finger stecken. Mein
Großvater wirkte nicht asketisch (wie das sein politischer Zieh-
vater Brüning möglicherweise war). Meine Großmutter be-
schwört in ihrem Buch viele genussreiche Erlebnisse herauf, die
das Paar und die Familie teilten: Picknicks und köstliche Ein-
kehr auf Wanderungen, Kurztrips mit dem eigenen Auto. Und
ich kann mich erinnern, dass man es in der Familie einen »Onkel Willy« nannte, wenn jemand sich besonders viel Marme-
lade auf sein Brötchen schmierte. Er muss also irgendwann einmal seinen Nichten und Neffen dadurch aufgefallen sein, dass
er an Konfitüre nicht sparte. Ganz wichtig waren ihm gemeinsame Abende mit vertrauten Freunden. Meine Großeltern hatten viele gemeinsame Freunde aus jungen Jahren, mit deren
Kindern sich wiederum meine Mutter und ihre Geschwister
anfreundeten.*

*War die Organisation des Genusses zumeist Hedwigs Ressort,
vom Wein (Mosel oder Rheingau, später auch Frascati) und den*

Zigarren, den »männlichen« Genüssen, einmal abgesehen? Und wie hat sich eigentlich Wilhelms Beziehung zur Musik im Lauf seines Lebens geändert? Wann (und warum?) hat er aufgehört, selbst Klavier zu spielen? Wie gut war er überhaupt in dieser Kunst?

Bomben auf Berlin

Wilhelm muss nun doch nochmals in den Krieg ziehen. Zuvor hat er geschäftlich Ende Februar/Anfang März 1943 noch einmal in Berlin zu tun. Hedwig kommt mit, man besucht liebe Freunde in ihrem Haus in Babelsberg. Fliegerangriff, die taghell erleuchtete Stadt in einiger Distanz. »Ganz Berlin musste brennen«, schreibt Hedwig später auf. Am nächsten Tag hat Wilhelm Sitzungen in der Stadt, er kommt sehr deprimiert zurück ins Haus der Freunde. Einzelne Stadtteile brennen noch, Steglitz, Lichterfelde. Der Angriff vom 1. März 1943 auf Berlin hatte verheerende Folgen. Am meisten erschüttert es Wilhelm, die Hedwigs-Kirche vollkommen zerstört zu sehen. »Das ganze Gewölbe war eingefallen, Säulen umgestürzt, lediglich der Hochaltar stand, alles andere war ausgebrannt«, schreibt seine Frau in ihrem Tagebuch. Sie gibt Wilhelms Bericht wieder: »Mitten in Schutt und Asche stand ein einsames Nönnchen in seiner weißen Haube. Es suchte und wühlte in den Trümmern. Hoffte es, noch einen Kelch zu retten, suchte es gar nach heiligen Hostien?«

Was hat diese Kathedrale der Katholiken in der Hauptstadt Wilhelm bedeutet? Wilhelm dem Katholiken, dem Zentrums-Politiker, Wilhelm, der mit einer Hedwig verheiratet war und sein Nesthäkchen unbedingt so nennen wollte? Der als Abgeordneter diese katholische Kirche in der Nähe seiner Wirkungsstätte hatte? Dass das wichtigste katholische Gotteshaus der Hauptstadt zerstört war, dass er vor den Trümmern stand, zu denen die Kathedrale in der Nacht zuvor praktisch in seinem Beisein geschlagen worden war, muss bitter gewesen sein.

Erst im Jahr 1930 war die Hedwigs-Kirche – wie meine Großmutter sie noch nennt, die ja 1922 nach Berlin gezogen ist – zur Kathedrale geworden: Berlin, das protestantische Berlin, war jetzt nämlich Bischofssitz (und viele Katholiken waren zugezogen). Das hatte auch eine Reihe von Baumaßnahmen nach sich gezogen, die erst 1932 mit der feierlichen Weihe des Hochaltars ihren Abschluss gefun-

den hatten. Der Umbau wurde allgemein gelobt, er gehöre »zu den besten Leistungen schöpferischer Denkmalpflege in Preußen zwischen 1918 und 1983«, ist in einer Broschüre zu lesen, die man aus der Kathedrale mitnehmen kann. Doch bei dem schweren Bombenangriff, dessen Folgen Wilhelm so schockiert haben, wurde die Kirche bis auf die Umfassungsmauern zerstört, die hölzerne Kuppel verbrannte, der Vorbau des Portals wurde stark beschädigt, und es gingen Ausstellungsstücke verloren. Hat die Ordensschwester, die Wilhelm sah, in den Trümmern nach einem solchen wertvollen Stück gesucht? 1952, neun Jahre nach dem Bombenangriff, wurde mit dem Wiederaufbau begonnen, 1963 wurde er abgeschlossen. Da lag die Kathedrale schon in der Hauptstadt der Deutschen Demokratischen Republik.

Über Wilhelms zweite Phase als Soldat im Zweiten
Weltkrieg haben weder er noch Hedwig etwas aufgeschrieben. Im Soldbuch ist mit Datum vom 16. 2. 1944 vermerkt,
dass er im Besitz einer eigenen Selbstlade-Pistole Mauser
Nr. 496209 Kaliber 7,65 Millimeter sei. Er hat einen Offi-
zierslehrgang mitgemacht, und er muss während dieses
Krieges eine ihm angetragene Beförderung ausgeschlagen
haben. Das kam ihm später zugute – in Form der früh-
zeitigen Entlassung aus der russischen Kriegsgefangenschaft.

160 Mark

In Wilhelms Abwesenheit gab es immer wieder die Angst,
die »Firma«, der Kaufhauskonzern, werde dem kriegsbe-
dingt abwesenden Wilhelm über kurz oder lang gar kein
Gehalt mehr zahlen. Hedwig geriet dort immer wieder an
Gesprächspartner, die sie als wenig zuvorkommend empfand. »Schocken« hieß nicht mehr so, war der Regierung
aber wohl nach wie vor ein Dorn im Auge. Es herrschte ein
rauherer Ton. Im Notfall könne sie versuchen, als Lehrerin
zu arbeiten, schreibt Hedwig in ihr Tagebuch.

Hedwig hatte einen Beruf erlernt, sie hatte als Kind eines Lehrers und Konrektors das Lehrerinnenseminar besucht. Nun rechnete sie sich aus, dass sie 160 Mark im Monat verdienen könnte.

Berufstätig kann ich sie mir nicht vorstellen. Mit einem so klei-nen Gehalt schon gar nicht. Allein die Miete des Hauses kostete ja zwischen 200 und 300 Reichsmark. Hedwig war in Berlin und in Zwickau eine Dame geworden, die auf dem gesellschaft-lichen Parkett sicher war und einen gehobenen Lebensstandard gewohnt. Sie war mit ihrem Willy nicht nur sozial mit gewach-sen, er hätte selbst womöglich ohne diese Frau »an seiner Seite« keinen derartigen beruflichen Aufstieg erlebt. Mit dem gesell-schaftlichen und finanziellen Aufstieg, den sie beide gemeinsam in Berlin und Zwickau vollzogen hatten, hielten ihre Möglich-keiten, im erlernten Beruf ihren Lebensunterhalt und den ihrer Familie zu verdienen, entschieden nicht Schritt.

Aber etwas anderes stimmt genauso: Hedwig war eine Päd-agogin. Eine geborene vielleicht, eine gelernte auf jeden Fall. Das Elternhaus hat dafür sicher ein Fundament gelegt. Auf jeden Fall wirkte sie gern auf Menschen ein, auf ihre Kinder, ihre Enkel, und an erster Stelle auf ihren Willy. Immer wieder schreibt sie, nicht ohne Stolz, von Situationen, in denen es ihr gelang, ihren Mann umzustimmen, ihn milder zu stimmen, ihn für eine Unternehmung zu gewinnen.

Wilhelm war, in seinen verschiedenen Berufen, ein Mann von Einfluss, der über Jahre ziemlich viel Geld verdiente. Im Reichstag ist er, namentlich in der eigenen Fraktion, weiblichen Abgeordneten begegnet, wenigen. Sie waren wohl alle unverheiratet, jedenfalls kinderlos, meist für soziale Themen engagiert, und er wäre nicht auf die Idee gekommen, sie mit seiner Frau zu vergleichen. Wie hat er mit ihnen gesprochen? Welchen persönlichen Kontakt gab es? Was hat er zuhause davon erzählt?

Ich bin überzeugt davon, dass Wilhelm seine Frau für »ebenbürtig« hielt. (Eigentlich ein verrücktes Wort. Von »gleicher Geburt« und gleichem Stand waren die Lehrerkinder aus Barmen sowieso.) Er wusste um ihren Verstand und ihre Intuition. Und um seine Rolle als Beschützer, Versorger und Ernährer. Für mich ist die unscheinbare Stelle in Hedwigs Tagebuch, in der sie in Betracht zieht, als Lehrerin die Brötchen für ihre Kinder verdienen zu können, auf jeden Fall kostbar.

»Geduld. Gelassenheit. O wem gelänge
Es still in sich in dieser Zeit zu ruhn,
Und wer vermöchte die Zusammenhänge
Mit allem Grauen von sich abzutun?«
MARIE LUISE KASCHNITZ

7

Tscherepowez

Die briefliche Fernbeziehung

Der Krieg ist zu Ende, die nationalsozialistische Herrschaft ist vorbei. »12 Jahre schlechter Behandlung durch die Nazis müssen sich ja jetzt auch auswirken.« Das schreibt Willy am 24. 8. 1945 aus dem Gefangenenlager Zeiss-Ikon am Rande Dresdens. Damit blickt er weit in die Zukunft. Erst einmal ist er, am 9. Mai 1945, als deutscher Soldat in der Tschechoslowakei in sowjetische Kriegsgefangenschaft gekommen, büßt also für seine Teilnahme am Krieg, den Nazi-Deutschland angezettelt hat.

Aus Dresden hatte er schon am 20. Juli geschrieben. Beruhigende Worte: »Die Russen kommen im Frieden und nicht im Krieg.« Ermahnungen an die erwachsenen und heranwachsenden Töchter, abends nicht auf die Straße zu gehen und möglichst kindliche Zöpfe zu tragen. Aber auch Launiges: »Es geht mir nach wie vor gut. Die Schlankheit hat zugenommen.« »Fleisch hat aufgehört. Fischmehl ist an seine Stelle getreten.« Wilhelm hat viel Zeit zum Nachdenken. »Das tue ich in erheblichem Maße. Leider haben wir kein Bild, wie es draußen aussieht. So ist manche Überlegung gehemmt.« Wilhelm möchte insbesondere wissen, wie es in der Firma steht. Dort, in der Zwickauer Zentrale, beginnen Versuche, sich für die Freilassung Wilhelms zu verwenden, sehr schleppend. Zur gleichen Zeit kommen Gefangene aus dem Zeiss-Ikon-Lager zu Werftarbeiten nach Stettin. Es finden körperliche Untersuchungen der Gefangenen statt. Wird der bald 50-jährige Wilhelm als arbeitsfähig eingestuft werden? Hedwig konnte ihn bei einem wagemutigen Besuch kurz von weitem sehen und einige Worte mit ihm wechseln. Sie ist erschüttert darüber, wie mager er ist, von seinem ergrauten Haarkranz, vor allem aber von den »Schmerzenslinien« im geliebten Gesicht. Im nächsten Brief bittet Wilhelm seine Frau, alle Angestellten der Firma von ihm zu grüßen, »und ich käme bald zurück«.

Doch stattdessen geht es mit kurzem Aufenthalt in Pirna nach Frankfurt an der Oder. Hedwig hört danach lange nichts von ihrem Mann. Sie fällt sogar einer Betrügerin zum Opfer, einer Frau, die angeblich im KZ war und die angeblich bei der Befreiung helfen kann, unter Fühlungnahme mit Berliner »jüdischen Stellen«, denen sie berichten und belegen will, dass Wilhelm Nazigegner war. Für ihre Bemühungen kassiert sie 500 Mark. (Hedwig stellt fest, dass sie zu diesem Preis immerhin sechs Wochen Hoffnung bekommen hat.)

Dabei hat Wilhelm schon zuvor eine Weihnachtskarte geschrieben, eine Rotkreuzkarte aus dem Lager in Tscherepowez (auch Tscherepowitz geschrieben). Er spricht darin von »maßvoller Holzarbeit«, ausreichender Ernährung und guter Winterkleidung. Doch diese Karte braucht bis zum 6. April 1946, um in Zwickau anzukommen. Die nächste, geschrieben im Juli, kommt erst im November ans Ziel. Sie belegt, dass Wilhelm bisher keine Karte, kein Brief der Familie erreicht hat. »Und wir hatten doch alle geschrieben, geschrieben.«

Ein ganzer Stapel von Karten Wilhelms ist erhalten, Absender UdSSR Moskau Rotes Kreuz, Postschließfach 437. Wilhelm schreibt an seine Frau, die er manchmal mit »Mein Märchen« anredet, wie in der Verlobungszeit. Die Frau seiner Träume, als Märchen der Kontrast zur harten Wirklichkeit. Er wendet sich aber auch an die Kinder, dankt für ihre Karten, er fragt nach der Firma, gibt Hedwig Ratschläge, lobt ihre Tatkraft, bittet um diese oder jene Kontaktaufnahme. Die Familie und der Beruf beschäftigen ihn. Er berichtet von zahlreichen Gottesdienstbesuchen, die ihm Kraft geben. Er versichert, dass er gesund ist und es ihm an nichts fehlt.

Mutmaßungen über das tägliche Leben

Tscherepowez ist 375 Kilometer Luftlinie nördlich von Moskau gelegen.

Im Internet finden sich Berichte anderer Kriegsgefangener. Auch sie erzählen, dass an Weihnachten 1945 die ersten Postkarten des Roten Kreuzes ausgeteilt wurden, dass sie nach einer ärztlichen Untersuchung je nach Fitness in eine Arbeitsgruppe eingeteilt wurden, dass die Arbeit meist aus dem Heranschleppen und Zersägen von Holz bestand, dass die meisten Russen freundlich zu ihnen waren, dass sie beengt in Baracken wohnten und vorwiegend Suppe zu essen bekamen. Dass die Baracken im Lauf der Zeit etwas wohnlicher gestaltet werden konnten. Und nicht zuletzt, dass das Wetter schnell wechselte, dass ständig ein starker Wind wehte und es im Winter eisigkalt war. Auf dem städtischen Friedhof im Nordosten der heute rund 300 000 Einwohner zählenden Stadt wurden über 4000 Kriegsgefangene beerdigt, darunter rund 2800 Deutsche, die diese Zeit nicht überlebten.

Wilhelm darf nur Postkarten bekommen, er mahnt immer wieder: Schreibt keine Briefe! Seine eigenen Karten sind kurz, notgedrungen. Aber es scheint ihm auch ganz

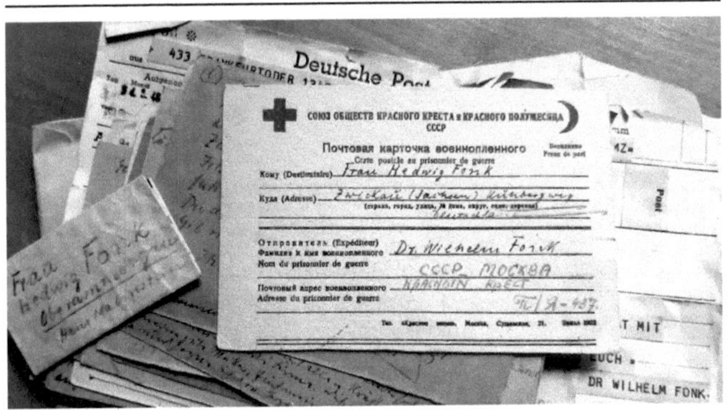

recht zu sein. Telegrammstil. Von sich schreibt er so gut wie nichts. Von seinem Gottvertrauen aber immer wieder.

Er hatte seiner Hedwig ja in seinem sehr emotionalen Brief zum zwanzigjährigen Hochzeitstag geschrieben, dass seine besondere Beziehung zu Gott aus der Zeit als Soldat im Ersten Weltkrieg datierte. Damals war er ein junger Mann, dessen Tagebucheintragungen man anmerkt, dass er – außer dem Schrecken des Krieges – noch nicht viel erlebt hatte. Inzwischen hat er in der parlamentarischen Demokratie, in der Wirtschaft und mit einem rassistischen Regime Erfahrungen gesammelt. Er ist »jemand« geworden. Er hat in der Welt viel Schlechtigkeit erlebt. Hat das seine Beziehung zu Gott verändert? Anders gefragt: Schlug er sich denn gar nicht mit dem Problem herum, ob Gott die Gräueltaten des Nationalsozialismus zulassen konnte? Mit dem uralten »Theodizee«-Problem? Auch nicht, als er später, nach und nach, vom ganzen Ausmaß der Shoah erfuhr?

8

Das liebliche bayerische Bergdorf

Der Rückkehrer ergreift Besitz

Als Wilhelm schließlich zurückkehrt in die Heimat, kommt er in ein neues, provisorisches Zuhause. Hedwig hat mit den Kindern ja schon 1946 die sowjetische Besatzungszone verlassen. Wilhelm hatte auf seinen Postkarten mehrfach gefragt, ob die Familie nicht doch besser in Zwickau bleiben solle.

Er sieht seinen beruflichen Platz dort, erinnert daran, dass die Russen ja nun nicht mehr als Feinde kämen. Aber er bringt auch immer wieder zum Ausdruck, dass er die Lage nicht kennt, dass er Hedwigs Entscheidungen vertraut. Am 8. April 1946 kommt seine Familie – nach einer abenteuerlichen Reise und über das Lager Friedland – in Oberammergau an, im Haus Malenstein, König-Ludwig-Straße 7.

Dort kreuzte schon am Heiligabend 1946, zur Erstkommunion meiner späteren Patentante Hedi, zum ersten Mal mein späterer Vater auf, der »Herzensfreund« der ältesten Tochter von Wilhelm und Hedwig, Josef Lissner. Aber das nur am Rande, es ist ein anderes Thema. Zum Thema Wilhelm passt allerdings, dass er viele neue Entwicklungen in der Familie nicht miterlebte und später im Zeitraffer nachvollziehen musste.

HAUS MALENSTEIN

Das ganze lange Jahr 1947 ist noch getrennt zu überstehen,
von der Familie in Oberammergau, vor allem aber von Wilhelm in Tscherepowez. Endlich trifft am 24. Februar 1948
ein Telegramm in Oberammergau ein, aus Frankfurt an der
Oder. Es ist erhalten, wenn auch inzwischen schon arg
vergilbt. »Die Erloesungsstunde hat geschlagen Ich bin
wieder im Lande Euer heiler und gesunder Papi Dr. Wilhelm Fonk.« Es folgen zwei weitere Telegramme, und es
folgt Hedwig, die es sich nicht nehmen lässt, ihren Willy in
Hof in Empfang zu nehmen. Am Bahnhof in Oberammergau erwarten ihn seine Kinder. Und in Haus Malenstein
wünscht er sich: »Ein Bad, Kinder, bitte als erstes ein Bad!«
Das Bad findet in einer Bütt statt.

»Was mich in den folgenden Wochen immer wieder beeindruckte, war das »Besitzergreifen« von Vater«, erinnert
sich Hedwig 30 Jahre später. Am Kopfende des schmalen
langen Familientisches habe er gesessen, den Tisch umklammert, alles, alles wissen wollen. Von der Politik, von der
Firma, von der Familie.

Wilhelm wog nur 110 Pfund, der Arzt riet zu Ruhe und
guter Pflege, die Milz sei angegriffen. Er war vor kurzem
52 Jahre alt geworden. Auf diesem Bild, aufgenommen vor
der Ettaler Klosterkirche, wirkt er glücklich. Und voller

Tatendrang. Hedwig hat es für das Familienalbum beschrif-
tet mit: »Vaters Heimkehr«.

Erstaunlich übrigens, was alles aufgehoben wurde aus
dieser Zeit. In einem Umschlag befindet sich auch ein ärzt-

liches Zeugnis aus dem Flüchtlingslager Moschendorf: Wilhelm wurde demnach am 28. Februar 1948 ordnungsgemäß entlaust, er ist »frei von ansteckenden Krankheiten und von Ungeziefer«. Am 1. März bekam er daselbst einen »Betreuungs-Ausweis«, gültig bis zum 1.9., und nur für Bayern. Ständiger Wohnsitz: Oberammergau. Entlassungs-Beihilfe: 50 Reichsmark.

In diesem Umschlag findet sich auch ein weit wichtigeres Dokument: Eine Drucksache aus Garmisch-Partenkirchen, die Dr. Wilhelm Fonk am 22. März 1948 in Oberammergau zugeht. Sie kommt vom öffentlichen Kläger bei der Spruchkammer: »Auf Grund der Angaben in Ihrem Meldebogen sind Sie von dem Gesetz zur Befreiung von Nationalsozialismus und Militarismus vom 5. März 1946 <u>nicht betroffen</u>.«

Treue zur Firma

»Wäre es nicht Fahnenflucht, wenn ich ginge, so habe ich mich gefragt.« Diesen Gedanken äußert Wilhelm am 23. Dezember 1948 in einem Brief an Salman Schocken. Er ist mit sich zu Rate gegangen und schreibt an den Mann, der ihn 1934 einstellte, für diese extrem schwierige Mission: den Kontakt zu den nationalsozialistischen Behörden aufrecht erhalten, den Konzern als Wirtschaftsfachmann und als »Arier« durch die Zeit bringen, in der seine Besitzer außerhalb von Deutschland leben mussten. In der ihr Lebenswerk bedroht war, und ihr physisches Überleben in dem Land unmöglich wurde, in dem sie dieses Lebenswerk aufgebaut hatten.

Nun hatte Salman Schocken, der besuchsweise wieder nach Europa gekommen war und dessen Familie Anfang Dezember 1948 beim zuständigen Zentralamt im hessischen Bad Nauheim Rückerstattungsansprüche geltend gemacht hatte, an Wilhelm geschrieben. An den Mann seines Vertrauens, der zwar seit 1934 dem Kaufhauskonzern mit allem, was in seinen Kräften stand, getreulich gedient hatte, der aber während des Kriegs mehrfach als deutscher Soldat eingezogen worden war und von der sowjetischen Siegermacht als so bedeutender Kriegsteilnehmer betrachtet wurde, dass er bis ins Jahr 1948 hinein in Kriegsgefangenschaft geriet.

Welchen Blick hatten Salman Schocken und seine Familie auf diesen Angriffskrieg eines Unrechtsstaates, der in diesen Jahren auch sechs Millionen Juden ermordet hatte? Wie konnten sie den Menschen begegnen, die in diesem Land geblieben waren, den Männern, die in diesem Krieg mitgekämpft hatten? Welchen Einfluss hatte das auf ihre Gespräche, ihre Entscheidungen? Folgt man den Biographen Anthony David, dann hatte Salman Schocken auf diese Fragen eine pragmatische, unaufgeregte Sicht, und nicht alle in seiner Familie konnten ihm darin folgen.

Wilhelm, der ehemalige Soldat, kam in ein Land zurück, in dem der wirtschaftliche Aufbau inzwischen in vollem Gange war. Er hatte gute Kontakte, »seit längerem befreundete Firmen« hätten sich an ihn gewandt, schrieb er an Schocken. Sie hätten ihm klar gemacht, dass die Merkur AG weit weniger Entwicklungspotenzial biete als ihre eigenen Unternehmen, geschrumpft wie der Kaufhauskonzern nun war, ohne die Zentrale und die maßgeblichen Filialen, die nun in der sowjetisch besetzten Zone lagen. Wilhelm schrieb an Schocken, man sei wohl auch an ihn herangetreten wegen seiner »politischen Unbelastetheit, ja Gegnerschaft« und seiner guten Beziehungen zu den christlichen Gewerkschaften. »Große Arbeitermassen« seien in diesen Firmen zu führen, er könne dort mit »Erste Klasse-Leuten« zusammenarbeiten. Er habe sich aber nicht entschließen können, so schreibt Wilhelm weiter, »die Firma in dieser Situation zu verlassen«. Bei den Aufgaben, die nun anstünden – Aufbau einer neuen Zentrale, Sanierung der Filialen, Restitutionsansprüche – »kann ich – glaube ich – dem Unternehmen helfen. Oder anders gesehen: Wenn ich nicht mehr da wäre, würde manches schwieriger sein.«

Wilhelm schreibt zugleich selbstbewusst und besonnen-bescheiden. Und er wird persönlicher: »Der wichtigste Gesichtspunkt dieser Seite aber waren Sie und Ihre Familie«, lässt er Schocken wissen. »Sie haben mich in Zeiten der ›Not‹ geholt. Ich habe in all den Jahren seitdem mein Bestes dem Unternehmen gegeben. Jetzt sind wieder Zeiten der ›Not‹, anderer ›Not‹. Soll ich Sie da verlassen?«

Ein Brief, der mich beeindruckt. Ein charaktervoller Brief. Doch er macht mich auch nachdenklich. In seinem Brief an Salman Schocken, den mein Großvater einen Tag vor Heiligabend 1948 in Oberammergau verfasst, einen Tag also vor dem ersten Weihnachtsfest im Kreis der Familie nach der Gefangenschaft, gebraucht der ehemalige Soldat das Bild von der Fahnenflucht, die er nicht begehen möchte. Dieses Bild befremdet mich heute, vor allem angesichts dieses besonderen Krieges. Ich verstehe: Es ist ein Bild für Treue und Standhaftigkeit. Doch das Bild blendet aus, dass es Situationen gibt, in denen es berechtigt ist, »von der Fahne zu gehen«.

»Es gab keine »Stunde Null«,
aber wir hatten die Chance zu einem Neubeginn.
Wir haben sie genutzt so gut wir konnten.
An die Stelle der Unfreiheit haben wir
die demokratische Freiheit gesetzt.«
RICHARD VON WEIZSÄCKER

Neuanfang in Nürnberg

Von Zwickau aus konnte man das Unternehmen nicht mehr leiten, das dortige Kaufhaus gehörte nun dem Staat, die teils recht kaputten Filialen in den westlichen Besatzungszonen brauchten eine neue Zentrale. So zog Wilhelms Familie nach Nürnberg. Seine Hedwig hatte mit dem Umzug nach Bayern eine kluge Entscheidung getroffen. Zu Franken gab es schon familiäre Anknüpfungspunkte: Die erwachsenen Kinder studierten im nahen Erlangen. Katholische Lieblingsorte wie Banz und Vierzehnheiligen oder die Mönche von Münsterschwarzach, all das war zudem nicht weit.

Salman Schocken nimmt in den Vertrag auf, dass Wilhelm »für die seit dem Jahr 1934 geleisteten Dienste« fünf Prozent der Ansprüche bekommen soll, die der Familie Schocken aufgrund der Rückerstattungsgesetzgebung zustehen. Verpflichtet er sich, sobald das abgewickelt ist, für mindestens fünf Jahre im Unternehmen zu bleiben, soll er weitere fünf Prozent »der uns zugeflossenen Werte« übertragen bekommen. Im Jahr 1949 erhält die Familie Schocken 51 Prozent des Grundkapitals der Gesellschaft, 49 Prozent bleiben bei den übrigen Aktionären. Die Firmenanteile in Sachsen sind inzwischen enteignet.

Erlenstegen: Das Haus am Waldrand

1949 war das Haus in Nürnberg-Erlenstegen fertig. Das damals letzte am Waldrand. Und das erste Haus, das Wilhelm und Hedwig selbst erbauen ließen, dessen Besitzer sie waren. Denn in Berlin und in Zwickau hatten sie Diensthäuser bewohnt. In Berlin hatte Wilhelm ja schon 1933 mit seiner Tätigkeit auch seine Bleibe verloren, aus Zwickau zog Hedwig mit den Kindern nach Oberammergau. Dort ein eigenes Ferienhaus zu bauen, war der Familie in all den Jahren nicht gelungen. Das Haus in der Weißenseestraße war aber nicht ihr letztes eigenes, denn zu Beginn der Sechziger kam ein Ferienhaus im Schweizer Kanton Tessin hinzu. In Grumo di Gravesano.

Noch näher an den Rand des Reichswaldes, in eine für ihn entworfene moderne und prächtige Villa zog einige Jahre später ein Mann, der Jüngling hieß. Das fanden wir Kinder faszinierend, weil der Mann gar nicht mehr so jung aussah. Auch die Mitteilung, dass der gar nicht mehr so junge Junggeselle Herr Dr. Jüngling etwas mit den »Tempo«-Taschentüchern zu tun habe, die in unserem Alltag eine gewisse Rolle spielten, fanden wir interessant.

Es führt auch in eine Firmengeschichte, die das besonders gute Verhältnis Wilhelms zu seinem langjährigen Chef Salman Schocken als besonders bemerkenswerte Ausnahme erscheinen lässt. Dr. Jüngling arbeitete nämlich an führender Position in den »Vereinigten Papierwerken Schickedanz & Co., die Tempo-Taschentücher und Camelia-Monatsbinden herstellten. Die Erfindung und Vermarktung der Papier-Taschentücher und den Namen, der auf die schnelllebige moderne Zeit anspielt, verdanken wir dem jüdischen Unternehmer Oskar Rosenfelder. Er meldete im Jahr 1929 ein Patent dafür an. Die Taschentücher wurden, wie die Wegwerf-Monatsbinden, ein Erfolg. Nur überzog Julius Streicher, der NSDAP-Gauleiter und Herausgeber der Zeitung »Der Stürmer«, Oskar Rosenfelder und seinen Bruder Emil schon bald mit Hasstiraden. Die »Camelia-Juden« sahen sich gezwungen, ihre Firma zu verkaufen und das Land

zu verlassen. Der Fürther Gustav Schickedanz, bekannt als
»Quelle«-Versandhaus-König, kaufte sie für einen Bruch-
teil des Wertes. Wie es dabei genau zuging, ist unter Zeit-
historikern wohl noch strittig. Auf jeden Fall aber ließ eine
Entschädigung nach dem Krieg zunächst auf sich warten.
Oskar Rosenfelder äußerte im Jahr 1947, Schickedanz ver-
halte sich gegenüber seinem Bruder und ihm, als sei nicht
der Dieb schuld am Diebstahl, sondern der Bestohlene. 1951
gab es schließlich eine Entschädigung. Der Süddeutschen
Zeitung entnehme ich die Einschätzung, Schickedanz sei
»einer der größten Opportunisten der NS-Zeit« gewesen.
Mich persönlich irritiert ein wenig, dass ein Werbeslogan
für die Produkte der Vereinigten Papierwerke im Jahr 1949
lautete: »Die Hygiene eines Volkes, ein Gradmesser seiner
Kultur«. Aber das nur nebenbei, und zum Vergleich mit der
Geschichte des Schocken-Konzerns.

Wachstum allenthalben

Nun wurde Wilhelm, der Generaldirektor, an jedem Werk-
tagmorgen von seinem Chauffeur im Mercedes abgeholt.
Die Familie wuchs, es fanden sich Schwiegersöhne, eine

Schwiegertochter und im Lauf der Jahre 18 Enkelkinder ein. Zunächst einmal aber ließen sich Wilhelm und Hedwig zusammen mit ihren erwachsenen Kindern und mit dem heranwachsenden 13-jährigen Nesthäkchen vor der Eingangstür ihres Nürnberger Hauses ablichten.

In diesen Jahren wurde viel eingekauft. Die Menschen hatten durch den Bombenkrieg, durch Flucht und Vertreibung ihr Hab und Gut verloren, nach dem Krieg bestand ohnehin Nachholbedarf in Sachen Konsum, die 1948 eingeführte D-Mark und der wirtschaftliche Aufschwung sorgten für gute Kaufkraft, das »Wirtschaftswunder« begann. Man wollte es sich (wieder) gut gehen lassen. So ging es auch den Bilanzen der Warenhäuser gut. Die Umsätze und Gewinne stiegen. Die Verkaufsflächen wurden vergrößert, die Zahl der Filialen der Merkur AG wuchs. Wirtschaftshistoriker Fuchs fasst zusammen: »Im ganzen gesehen war das industrielle Gefüge der Bundesrepublik 1952 dabei, sich mehr und mehr der bis 1939 geltenden Struktur zu nähern, wobei die von Jahr zu Jahr steigenden Produktionsziffern ebenso beeindrucken wie die Nachfrage des Binnenmarktes. Die weiteren Aussichten des Einzelhandels im Allgemeinen wie die der Merkur AG im Besonderen stellten sich daher außerordentlich günstig dar.«

Salman Schocken hatte an dieser Aufwärts-Entwicklung, wie Fuchs betont, weiterhin beträchtlichen Anteil. Obwohl er 1952 75 Jahre alt wird, ist er bei guter Gesundheit. Umso mehr kann es erstaunen, dass er seinen 51-prozentigen Anteil an der Merkur AG nun verkaufen will. Die Aktienmehrheit geht schließlich im April 1953 an Dr. Helmut Horten, einen der »Kaufhauskönige« der jungen Bundesrepublik. Der Preis für die Anteile liegt bei zwölfeinhalb Millionen »Sperrmark« oder 1 680 000 Dollar.

Salman Schocken erklärt sich bereit, in den nächsten drei Jahren dem Unternehmen jeweils für drei Monate seiner Wahl »mit seinem Rate zur Verfügung zu stehen«. Warum er den westdeutschen Teil des von ihm und seinem Bruder gegründeten Kaufhauskonzerns nun verkauft, ist unklar. »Sein Status als jüdischer Geschäftsmann im Exil, der in das Land zurückkehrt, hätte ihn zu einer Ikone machen können«, meint sein Biograph Anthony David. Er hätte einer der ganz Großen in der Wirtschaftswelt der Bundesrepublik werden können. Allerdings habe in seiner unmittelbaren Umgebung keiner seine »verzeihende Sicht auf Nachkriegsdeutschland« geteilt. Seine Unterscheidung zwischen »guten« und »bösen« Deutschen. Zudem habe sein Sohn Theodore keinerlei Neigung erkennen lassen, nach

Deutschland zu ziehen – schon weil seine Frau Amerika-
nerin war. Immerhin vollzieht sich der Übergang fließend,
Schockens Rat ist weiter gefragt, wir dürfen davon ausgehen, dass er insbesondere mit Wilhelm in Verbindung
bleibt.

*Auch Theodore ist in der Nachkriegszeit häufiger in Deutsch-
land und hat gute Beziehungen zu Wilhelm, den er auch zuhause besucht. Meinen Tanten Barbara und Hedwig, die noch
bei den Eltern leben, bringt er einmal silberne Armbänder mit.
Leider sind sie verloren gegangen.*

Es geht weiter aufwärts mit der Kaufhauskette, jetzt als
Merkur Horten & Co. Zwischen 1952 und 1957 verdreifacht
sich der Umsatz, wie der Vorstandsvorsitzende Wilhelm
Fonk auf der Hauptversammlung des Jahres 1958 mitteilen
kann.

1954 waren auch die über die Republik verstreuten
»DeFaKa«-Kaufhäuser der ehemaligen Emil Köster AG
zu Horten gekommen. Auch Jakob Michael, der nach der
Inflation Ende der 20er Jahre die Aktienmehrheit der
DeFaKa erwarb, hatte als Jude ins Ausland emigrieren
müssen.

Dieses »Deutsche Familien-Kaufhaus« war das Kaufhaus unserer Kindheit in Frankfurt am Main. Weil die Mitglieder der Familie Fonk dort zu Sonderkonditionen einkaufen konnten, führte der Weg meine Mutter und uns Kinder in den 50er und 60er Jahren stets zuerst »zu Köster«, wenn wir etwas zum Anziehen brauchten. Ab und zu machten wir dort einen richtig guten Fund: Sodass uns Klassenkameradinnen fragten, woher wir dieses tolle Teil denn hätten. Das DeFaKa erwarb sich dadurch bei uns in der Schule einen gewissen Ruf. Meist aber hätten wir als junge Mädchen lieber die Freiheit gehabt, auch einmal etwas in einem anderen Geschäft einzukaufen ...

Bei Horten

Der neue Chef von Wilhelm hieß also seit 1953 Helmut Horten. Der 44-Jährige war ein ganz anderer Typ als Salman Schocken – obwohl beide äußerst erfolgreiche Geschäftsleute waren. Schon als 27-Jähriger hatte Horten im Jahr 1936 ein Düsseldorfer Warenhaus von seinem jüdischen Besitzer gekauft. Den Kauf der Schocken- und der DeFaKa-Häuser soll er als »Repatriierung deutschen Vermögens« bezeichnet haben. Die nun insgesamt 23 Filialen machten ihn,

nach Kaufhof, Hertie und Karstadt, zum Viertgrößten der Branche. Mit seinem Reichtum fing Horten ganz andere Dinge an als Schocken: Er hatte einen großen Rolls-Royce-Fuhrpark, besaß eine der größten Luxus-Yachten der Welt, schenkte seiner 32 Jahre jüngeren Frau Heidi als Hochzeitspräsent 1966 den »Blauen Wittelsbacher«, einen 35-Karat-Diamanten aus dem bayerischen Kronjuwelen-Schatz, den sie nach seinem Tod für 23,4 Millionen Dollar wieder verkaufte.

Liest man alte Zeitungsberichte über Horten, so entsteht das Bild eines geschickten und extrem durchsetzungsstarken Verhandlers und Managers, eines smarten Mannes, der im Jet-Set der 50er und 60er Jahre eine wichtige Rolle einnahm. Und der Ende der 60er Jahre seine Kaufhauskette verkaufte, um fortan in der Schweiz zu leben. Eine Lücke im Finanzrecht machte es ihm möglich, das weitgehend steuerfrei zu tun. Das Gesetz, das 1972 diese Lücke stopfte, wurde als »Lex Horten« bekannt.

Nun prangte also nicht mehr Schockens Name oder das neutrale »Merkur«, sondern Hortens Namenszug auf dem Kaufhaus in Nürnberg. Für Wilhelm dürfte das auch schmerzlich gewesen sein, der Familie Schocken hatte er sich schließlich sehr verbunden gefühlt. Es wehte nun ein neuer Wind. Die Mitarbeiterinnen der Horten-Filialen sollen scherzhaft auch »Hortensien« genannt worden sein.

Der Rheinländer bietet den Angestellten in Nürnberg – und seinen Kunden – im Jahr 1955 ein besonderes Event: Er fliegt zusammen mit bekannten Duisburger Karnevals-Größen nach Nürnberg und lässt dort die Funkenmariechen tanzen. Es ist nicht überliefert, wie die Aktion Wilhelm gefallen hat.

Der verdiente Mann

Im Jahr 1961 verließ Dr. Wilhelm Fonk den Konzern. Es waren beeindruckend klingende Funktionen, die er nun aufgab: Vorstandsvorsitzender der Merkur AG, Generaldirektor der Merkur Horten & Co, Geschäftsführer von vier Tochtergesellschaften, Aufsichtsratsvorsitzender der Emil Köster KG. Dazu kamen verschiedene Ehrenämter bei Wirtschaftsverbänden. Im »Handelsblatt« hatten sie zu seinem 60. Geburtstag 1956 geschrieben, die »allgemeine Anerkennung und Wertschätzung, der sich Dr. Fonk erfreut«, sei vor allem seiner »konstruktiven Politik des Ausgleichs« der verschiedenen Interessen im Einzelhandel geschuldet. Im selben Jahr verlieh ihm der damalige Bundespräsident Theodor Heuss das Große Verdienstkreuz des Verdienstordens der Bundesrepublik Deutschland »in Anerkennung der um Staat und Volk erworbenen besonderen Verdienste«.

Nun, fünf Jahre später, wollte er nicht nochmals in einer anderen Stadt neu beginnen. Das aber tat die Konzernzentrale in diesem Jahr, sie ging nach Düsseldorf. Und Wilhelm war 65 Jahre alt. Zeit für den »Ruhestand«. 1966 wurde ihm auch noch der Bayerische Verdienstorden verliehen, »für hervorragende Verdienste um den Freistaat Bayern und das bayerische Volk«.

Zwischen Schreibtisch und Schubkarre

In meiner Erinnerung sitzt er, wenn wir in den Ferien nach Nürnberg kommen, nun viel am häuslichen Schreibtisch, muss nicht mehr »in die Firma«, hat aber trotzdem viel zu tun, darf oftmals nicht gestört werden, diktiert dem stets so freundlichen Fräulein Arbeitlang Briefe. Einmal in der Woche geht er zum Mittags-Treffen in den Rotary-Club. (Dann dürfen wir Enkelkinder bei Tisch reden, und es gibt Milchreis oder Pfannkuchen.)

Ich höre voll Erstaunen, dass er auch »Grabritter« sei, »Ritter des Ordens vom heiligen Grabe zu Jerusalem«, und kann mir nichts darunter vorstellen. Ich höre, dass er Theologiestudenten in der Benediktinerabtei Münsterschwarzach unterstützt, deren Familien sich das Studium nicht leisten können. Ich sehe mehrmals, wie er an einem schönen Tag im Juli mit meiner an diesem Tag besonders elegant gekleideten Großmutter nach Bayreuth aufbricht. Sie haben jedes Jahr Karten für die Festspiele. Und meine Großmutter berichtet von der Aufsehen erregenden »Begum«, einer fremdländischen Prinzessin mit prächtigen Kleidern, die sie dort auch gesehen habe. Eine märchenhafte Welt, von der ich da höre. Meine Großmutter kann sie eindrücklich schildern, diese Welt scheint ihr zu ent-

sprechen, sie fühlt sich wohl in ihr. Nicht umsonst nannte mein Großvater sie ja sein »Märchen«.

Ich sehe meinen Großvater aber auch in seinen Gärten: In Nürnberg-Erlenstegen macht er dort seinen Rundgang, leitet uns Kinder dazu an, Unkraut von erwünschten Gewächsen zu unterscheiden und das Unerwünschte (Löwenzahn!) mit der Schubkarre abzutransportieren. Im Tessiner Dörfchen Grumo di Gravesano lässt er sich sogar ab und an am kleinen Pool blicken.

Die Kantonssprache Italienisch lernt er nicht, lieber bleibt er auch innerhalb der Schweiz, während wir Jüngeren die oberitalienischen Städtchen und Märkte erobern. Es ist nicht das Exotische, das ihn anzieht. Auch ist er äußerst skeptisch gegenüber der unsoliden italienischen Lira, der Volkswirt hat mehr Vertrauen in den Schweizer Franken.

Einmal habe ich ihn auch sagen hören: »Die Italiener, diese Verräter.« Rudimentär über die Hintergründe dieser Bemerkung aufgeklärt (das Umschwenken Italiens im Zweiten Weltkrieg, von Hitler zu den Alliierten), war ich darüber schockiert. (Später habe ich verstanden, dass dieses Urteil schon im Ersten Weltkrieg gefällt wurde.)

Frühschoppen, Päckchen und Spargel
mit feinster Butter

Im Herzen Europas, in einem geteilten Land, im ›Kalten Krieg‹, begann im größeren westlichen Teil der ›Wiederaufbau‹, wurde kurz darauf zu einem veritablen ›Wirtschaftswunder‹. Es wurden Kinder geboren, die später die »Babyboomer« genannt werden sollten. In der Adventszeit wurden von dort Pakete mit echtem Bohnenkaffee, Schokolade, Textilien an die Verwandten in der ›Ostzone‹ verschickt. Es kamen kleinere Päckchen mit Karten voller Dank und mit selbstgebastelten Strohsternen zurück. Wie geht es Euch, schrieb man sich, wie schön, dass Ihr an uns denkt. Man blieb sich treu, man kannte sich dabei immer weniger, je mehr Zeit ins geteilte Land gegangen war. Später kamen zu meinen Großeltern Rentnerinnen aus Zwickau und Ostberlin, mit denen man jahrelang nur Karten gewechselt hatte, und die nun (aus)reisen durften. Unsere Pakete packte die Großmutter in ihrem Zimmer mit den taubenblau gepolsterten zierlichen Möbeln.

Die Enkelkinder wuchsen im westdeutschen Wohlstand auf, auch wenn ihre Eltern in ihren Berufen erst Fuß fassen mussten. Sie wurden nach dem Krieg geboren, erlebten keinen Hunger und keine Not. Es gab Butterbrote, Pulver für Babymilch und fein bezogene Körbchen, um Säuglinge darin zu betten. »Die Mutter und ihr erstes Kind« wurde erneut verlegt, der Titel des Ratgebers war etwas kürzer geworden, die ratsuchende Erstgebärende war inzwischen nicht mehr die »deutsche Mutter«. Später gab es Bilderbücher, den Kaufladen, ein Dreirädchen, Rollschuhe. Eine Höhensonne für die Gesundheit.

Obwohl es also »aufwärts« ging, waren die Erwachsenen meistens ernst. Die Kinder kannten sie nicht anders. Besonders den Großvater, ihren Opapa, erlebten sie so. Nur selten lachte er, machte ein ›Späßchen‹.

Auch sonntags, beim »Internationalen Frühschoppen« mit Werner Höfer, ging es um ernste Dinge. Wilhelm hatte ein Glas Weißwein vor sich stehen. Wie die sechs Journalisten aus fünf Ländern, die Höfers Gäste waren. Diese Herren wurden von anmutigen weiblichen Wesen bedient, die sich von Zeit zu Zeit geräuschlos seitlich hinter einen von ihnen stellten, um dem Gesprächsteilnehmer vom Mosel nachzuschenken. War man ebenso geräuschlos, dann durfte man als Enkelkind den »Frühschoppen« verfolgen. Viel war dort von den Russen die Rede und immer wieder von Ulbricht und der Ostzone, manchmal sprachen sie auch von de Gaulle, der irgendetwas allein zu Wege bringen wollte und damit im Unrecht war. Es lag eine Gefahr in der Luft, daran konnte kein Zweifel bestehen.

Doch es roch auch schon nach der geschmolzenen Butter, die es zum Spargel gab, und zu den neuen Kartöffelchen, die die Enkelkinder mochten. Es ging uns gut. Aber dieser Wohlstand forderte Wachsamkeit, vor allem von den ernsten Männern.

Zum Schluss

Wir Kinder kannten keine anderen Erwachsenen als diese von Nationalsozialismus, Krieg, Lebensgefahr, materieller Not und moralischer Ernüchterung geprägten und belasteten Menschen. Wir spürten nur undeutlich, dass sie von uns etwas erwarteten. Waren wir es doch, die nun alles hatten. Alle Chancen.

Wir haben vielleicht nicht genug gefragt, als das noch ging. Darüber wurde schon viel gesprochen und geschrieben: Dass wir unsere Väter und Mütter, Onkels und Tanten nicht zum Erzählen aufgefordert haben. Möglicherweise hätte das aber auch nur für Streit gesorgt – weil wir nicht freundlich fragen und weil die Älteren nicht unbefangen antworten konnten.

Wir haben aber auch über das Leben der Generation davor, das Leben unserer Großeltern nicht genug in Erfahrung gebracht. Nicht, wie es war, in der Kaiserzeit aufzuwachsen, den Großen Krieg zu erleben, in die Demokratie hineinzuwachsen. Meine jüngeren Cousinen und Cousins hatten dafür gar keine Zeit mehr. Aber hätte ich es nicht machen können? Wo ich doch einen Großvater hatte, der sich als Politiker öffentlich engagiert hatte und sogar Parlamentarier gewesen war, wenn auch nur für kurze Zeit und in einer gesellschaftlichen Ausnahme-Situation?

Seitdem ist viel Zeit vergangen. Nun bin ich selbst mehrfache Großmutter, und älter als mein Großvater mütterlicherseits in meinen frühesten Erinnerungen. Als mir das klar wurde, war es höchste Zeit für mich, ein paar Nachforschungen anzustellen über sein Leben in der ersten Hälfte dieses an historischen Ereignissen so reichen 20. Jahrhunderts.

Ich möchte hiermit weitergeben, was dabei herausgekommen ist. Was ich dabei gelernt habe.

Bücher und andere Quellen, die mir bei der Spurensuche geholfen haben

Geschichtliche Überblicke:
Sebastian Haffner: Von Bismarck zu Hitler. Ein Rückblick. Knaur 1989
James Hawes: Die kürzeste Geschichte Deutschlands. Ullstein 2019
Heinrich Mann: Ein Zeitalter wird besichtigt. Aufbau 1973
Hedwig Richter: Demokratie. Eine deutsche Affäre. Vom 18. Jahrhundert bis zur Gegenwart. C.H. Beck 2020

Zum Ersten Weltkrieg:
Brigitte Hamann: der Erste Weltkrieg. Wahrheit und Lüge in Bildern und Texten. Piper 2004
(Fotos, Plakate, Zeitungsseiten, und viele Briefe von Soldaten aus dem Feld)

Zur Weimarer Republik:
Golo Mann: Deutsche Geschichte 1919–1945. S. Fischer 1970
Heinrich August Winkler: Weimar 1918–1933 Die Geschichte der ersten deutschen Demokratie. C.H. Beck 1993
Zu Heinrich Brüning:
Heinrich Brüning: Memoiren 1918–1934. DVA 1970
Heinrich Brüning: Ein deutscher Staatsmann. Reden und Aufsätze. Regensberg Münster 1968
Herbert Hömig: Brüning. Politiker ohne Auftrag zwischen Weimar und Bonner Republik. Schöningh 2005
Astrid Luise Mannes: Heinrich Brüning. Leben, Wirken, Schicksal. Olzog 1999

Zur Zentrums-Partei:

Rudolf Morsey: Der Untergang des politischen Katholizismus. Die Zentrumspartei zwischen christlichem Selbstverständnis und »Nationaler Erhebung« 1932/33. Belser 1977

Die Protokolle der Reichstagsfraktion und des Fraktionsvorstands der Zentrumspartei 1926–1933, herausgegeben von der Kommission für Zeitgeschichte bei der Katholischen Akademie in Bayern, bearbeitet von Rudolf Morsey, Matthias-Grünewald-Verlag Mainz

Christoph Kösters/Mark Edward Ruff (Hrgb.): Die katholische Kirche im Dritten Reich. Eine Einführung, Herder 2018

Zu NS-Zeit:

Allan Bullock: Hitler. Eine Studie über Tyrannei. Droste 1953

Bella Fromm: Als Hitler mir die Hand küsste. rororo 1993

Harald Welzer, Sabine Moller und Karoline Tschuggnal: Opa war kein Nazi. Nationalsozialismus und Holocaust im Familiengedächtnis. Fischer 2002

Zur Familie Schocken und den Kaufhäusern:

Konrad Fuchs: Ein Konzern aus Sachsen. Das Kaufhaus Schocken 1001–1953. DVA 1990

Anthony David: The Patron. A Life of Salman Schocken 1877–1959

Amos Elon: Eine jüdische Heldensaga, in: Le Monde Diplomatique, Eine jüdische Heldensaga (monde-diplomatique.de)

Online zugängliche Quellen:

Selbstverständlich habe ich viel gegoogelt, und habe Wikipedia einige Informationen zu verdanken.

Darüber hinaus haben mich folgende Seiten weitergebracht:

Zum Reichstagsabgeordneten Johannes Schauff:

Schauff, Dr. Johannes (ifz-muenchen.de)

Zur Gefangenschaft in Tscherepowez:
LeMO Zeitzeuge: Herbert Thiess (hdg.de)

Zu Helmut Horten:
Stichtag – 30. November 1987: Kaufhaus-Unternehmer Helmut
  Horten stirbt – Stichtag – WDR

Romane:
Erich Kästners »Fabian oder der Gang vor die Hunde«, aber auch
sein Kinderbuch »Pünktchen und Anton«, Irmgard Keuns Ro-
mane »Gilgi. Eine von uns« und »Das kunstseidene Mädchen«,
Vicki Baums »Menschen im Hotel« und viele andere haben für
mich das Leben und das Zeitkolorit in den Endzwanziger- und
Dreißiger-Jahren des 20. Jahrhunderts wunderbar eingefangen.
Lesen!

Wichtig sind natürlich auch die Dokumente aus der Familie,
allen voran das Tagebuch 1935–1943 meiner Großmutter Hedwig
Fonk. Tausend Dank an meine Tante Dr. Hedwig Solhdju für dessen Digitalisierung!

Fotos:
Umschlag: Foto vom Deutschen Reichstag 1932 (Bundesarchiv,
  Bild 146-1998-010-12/CC-BY-SA 3.0, Foto des Schocken-
  Kaufhauses Zwickau (Wikimedia Commons) und Wahlplakat
  des Deutschen Zentrums (Wikimedia Commons und Konrad
  Adenauer-Stiftung)
Privat: S. 13, 17, 20, 28, 29, 45, 47, 51, 54, 55, 79, 101, 121,
  143, 161, 164, 166, 175, 177
Aus dem freizugänglichen Wikimedia Commons Archiv: S. 33,
  S. 59 (Bundesarchiv), S. 63, S. 85, S. 91 (Foto: Michael Rose),
  S. 108 (Foto: Alfred Bernheim/Haaretz), S. 115, S. 127, S. 152

Die Autorin